現代雨月物語
式神異談

籠 三蔵

竹書房

怪談

文庫

目次

※本書に登場する人物名は、様々な事情を考慮してすべて仮名にしてあります。また、作中に登場する体験者の記憶と体験当時の世相を鑑み、極力当時の様相を再現するよう心がけています。現代においては若干耳慣れない言葉・表記が登場する場合がありますが、これらは差別・侮蔑を意図する考えに基づくものではありません。

式神

「事実は小説よりも奇なり」という言葉がある。

元々私にとって、実話系怪異体験談の存在は、当時目指していた伝奇ホラー系フィクションの参考資料程度の存在にしか過ぎなかった。

ところがこの実話系というジャンルは実に曲者（くせもの）だった様子で、時折「再現純度の高い」「伝染性のある」怪異談が混じっているということがあり、当時、そんな認識を持っていなかった私は、これに見事に巻き込まれてしまった。

そんな理由で「事実」が「小説」を凌（しの）いでしまい、自身の頭の中で練る創作ホラーに対しての限界を感じて実話系怪談屋に鞍替えした経緯がある。

単なる体験談・幽霊談に留まらない「読み知っただけでも伝染する、不可解かつ不条理な超常の出来事」というものの存在を知り、これでは命が幾つあっても足りないと、対策法を研究すると共に神棚を祀り、その加護に頼るようになった。

最早これだけで、どこかのB級ホラーといい勝負の設定ではないか。

そして、他の怪談作家の方々は、こうした弊害に対して、どのような対策を講じているのだろうと真剣に考えていた時期もある（後に、私ほど顕著に怪異に巻き込まれている方はあまりいないということが判明）。同時に、以前よりも寺社仏閣に足を運ぶようになった。当然寺社を訪れれば、敬意を以て、拝殿や本堂に手を合わせる。

さて、神社の中には、拝殿の真ん中に鏡がある。

更にこの鏡が参拝者自身の姿を映し出している場所がある。以前はあまり気にしてはいなかったが、ある時から、この鏡は「願掛けに訪れた自身の姿を、願い事をする前にもう一度見て、襟を正しなさいね」と言われている気がするようになった。

それはある年の「靖国神社・みたままつり」の場で、私の横に並んでいた若い女性二人組が「グアム旅行に行けますようにって、お願いしよう」とウキウキ顔で語り合っていたことに端を発している。

寺社仏閣に参拝に訪れる理由や定義は「こうでなくてはいけない」というものがあるとも思わないのだが、戦地で亡くなった英霊にグアム旅行を願うというのもどうなのだろうという思いが心を過(よぎ)ったからだ。

「神前にて、今の自分がどんな顔をしているのか、もう一度見直してみては如何だろうか」

あの鏡は、そんな問い掛けをされている気がしてならないのである。

そんなことも含めて、昨今の世の中は、全ての物事は複雑怪奇な「奥行き」や「曖昧さ」よりも「判り易さ」「理解し易さ」が重宝される方向にベクトルが移行している気がしている。ただ、そこには落とし穴があり「判り易さ」「理解し易さ」「軽便さ」はあくまで入口であり、その先に末広がりのまだ先があるということを考えている方が、どれだけ存在しているのだろうかと、私は思いを馳せる。

物事を「白」か「黒」、「暑い」か「寒い」、「プラス」か「マイナス」、「敵」か「味方」、「善」か「悪」という程度の仕分けで簡単に片付けてしまったら、それは何と幼稚で単純な考え方なのだろうかと。

どちらでもないという「曖昧さ」は、色彩で言えば「灰色・グレー」を意味することになる。グレーという言葉は余りいい意味合いで使用されないが、同時に「丁度よいもの」「程々に」「強すぎず、弱すぎず」という、どちらにも属さないのに「良い意味合い」を示す言葉も数多く存在する。季節でいえば暑過ぎる「夏」や寒過ぎる「冬」より、そのどちらでもない「春」や「秋」の方が、人は過ごし易いのはそういうことなのだろう。

どちらかに偏り過ぎてしまうものは、時と場合によって、毒や澱(よど)みを生じてしまうものなのだ。


取材の中で、ある方からこんな話を伺った。

「あやかしは、人の強い願いや、想いに魅(ひ)かれてやってくる」

顛末は晒せないが、こうして強い想いに魅かれ、やってきた異形と同調してしまい、融合してしまった者は、もう元に戻す手段が存在しないそうなのである。

この話は、どんな怪談異談よりも、私の心を震え上がらせた。


そして、もうひとつ。

「創造主と呼ばれるもの（神？）」は、別の違う場所に存在していて、私達が普段「神仏」と呼んでいるものは、寺社に蓄積され、受け継いで来た「子孫や次の世代に対する、祖先からの善意・想いやり」なのだという話である。

つまり、どこからやってくるのかわからない不穏な存在、魔物等に対して、祖先が、先人達が「私達の子供が、孫が、無事に人生を全うできますように」と託した想いの蓄積、結晶であるのだと、その方は述べられた。

実際、この方の説に頷いてしまう事例に何度か遭遇している私としては、以前ほどあやふやな生き方をしていくことが難しくなってしまったのである。

己の心が呼び出したもの、作り出したものが、好意的、前進的なものなら良いだろう。しかしそれが、単に破壊的で、利己的で、独善的なものであったならどうなってしまうというのだろう。

そういう浅ましい存在を、この身が朽ち失せてから、現世に残していきたくはないという想いが強くなったからである。


月日が流れるというのは本当に速いものであって、この「現代雨月物語」のシリーズが立ち上がってから、今回で四冊目の刊行となる。

本来なら、読者が胸のすくような伝奇アクション小説を描きたいと願っていた自分が、いつの間にかこんなにベクトルがずれてしまったのは、先に述べた通り事実が余りにも「小説よりも奇なり」だったからに他ならない。

従ってこの「現代雨月物語」の四冊目のテーマは、忌み嫌われる「四」を象徴する百鬼夜行、即ち「不吉なるもの」を中心に書き上げてみることとした。

死霊。怨霊。生霊。

あやかし。封印された妖魔。太古からの存在。

その他、有象無象の理不尽なる怪異。

これら数々のものが絡む事象には全て「人の営み」というものが密接に絡んでいる。

災害。天変地異。

各地で起こる戦争・紛争。

新型ウィルスの台頭による世界的な規模の疫病。

そして、その相乗効果により頭角を現す不況や人災。そして諍(いさか)い。

それらは人の心に多くの失望、絶望を生み出し、その想いに魅かれて、様々なものが姿を現してくるのであれば、現在はまさに末法の世、百鬼夜行たけなわの世と言えるのかもしれない。

そんな世相の中で、我々はどう生き抜いていったらよいものなのか。

そうした理由で、本書のサブタイトルは、同じく四を絡めて「式神異談」とした。

「式神」とは、陰陽師が使役した鬼神ということで有名な名称だが、人の悪行や善行を見定める務めを行う者という意味もあるらしい。

本書では、一般に浸透している怪談・幽霊談の類から、不条理不可解な現象・事象を通じて、私達の普段の生活が一足踏み間違えると、途端に得体の知れぬ奈落の底へと突き落とされるものだという話まで含めて纏めてみた。

但しそれは、絶望的に逃げ道のないものではなく、そんな最中(さなか)でも、人には一縷(いちる)の希望が存在しているのだという逸話も同時に収録を試みている。

本書を読み終えた後に、何を得て、何を学び、何をどう選ぶのかは、各々の自由である。だが、その行いは、良きも悪きも、闇の狭間からこちらを覗く式神に見られ、判定されているという覚悟でいて欲しい。その各自の選択の結果の結晶が、これから紡がれる先々の「未来」の姿なのだろうと筆者は考えるからである。

それでは再び、そして暫(しば)しの間、異談の領域へと御一緒に。

12

突風

筆者自身の体験である。

現在はコロナの流行により三年ばかりご無沙汰しているのだが、我が家では二月十一日の建国記念の祝日、茨城県にある某有名神社にドライブを兼ねて昇殿参拝、昼食を取ってから周辺の産直やショッピングモールを廻り、休日を満喫するのが年中行事の一環となっていた。

その年の二月十一日も、慣例に従い家内を伴って自宅を出発。

高速道を二時間ほど走って、目的地の神社に到着。駐車場に車を入れて二人で参道を歩き、拝殿の前で拍手を打ち、参拝自体は無事に終了した。

この日は雲ひとつない見事な天気で、二月とも思えぬ程に暖かく、私は境内のあちこちに置かれたベンチの中で一番見晴らしのいい場所に腰を下ろし、社の清浄な空気を満喫していた。

この神社は小高い丘の頂上に位置する形になっていて、ベンチからは周囲の山々や、のどかな田園風景が一望できる。空は抜けるように青く、日射しは春のように柔らかい。いつもは次の目的地へと盛んに急かす家内も、季節外れの陽気に絆されたのか「いい気持ちだね」と隣で珍しく呟いている。

陽気までが建国を祝っているようだなとのんびり感慨に浸っていると、突然それを遮るかのように、わんわんぎゃんぎゃんと複数の犬の騒ぐ声が聞こえてきた。

何事かと目を凝らすと、参道の向こうから、堅気でない風情のファッションで身を固めた中年男性と、その妻らしき派手目の服を纏った女性、そして娘らしい二十代位のスウェット姿の女性の三人連れが、リードを付けた三匹のダックスフントを連れて鳥居を潜り、こちらに歩いてくるのが見えた。

(まさかこの三人連れ、犬連れで神前に参拝するつもりじゃないだろうな)

この「まさか」という考えも上げ底のようなもので、実際には彼等の風体から判断して、きっとそうするだろうなという読みの方が強かった。

寺社仏閣は、一部の例外（ペットの御祈祷を行っている場所）以外、大抵の場合、ペット同伴での参拝は禁止がマナーである。

ところが、ひと昔前までは常識であったこのマナーもだいぶ廃れてしまった模様で、最近では両手にペットを抱えて参拝しているのはまだましな方、酷いと拝殿前の玉垣に犬のリードを結び、片手には犬の排泄物が入った袋を下げて参拝を行う猛者(もさ)すら見掛けたことがある。その為に、昔は無かった「ペット同伴での参拝禁止」という立札をよく見掛けるようになったが、この頃はまだ参拝者の良心を尊重していたのか、寺社側がそこまで線引きをしていなかった時期でもあった。

それにしても、何の為に、手水舎(ちょうずや)で手と口を漱(すす)ぐ慣習が残っているというのだろうか。心に信仰があれば、形式に拘(こだわ)る必要もないとは思うのだが、ここまで形が崩されてくると、先に述べた方々も含めて、どういうつもりで参拝に来たのかと首を傾げたくなる。心配事や頼み事がある時に、こういう方々は親身になってくれる知人の家へ、犬連れ糞袋片手に訪れたりするのだろうかと。

それだけ寺社というものが、人々の心から離れ、形骸化した縁遠い存在になってしまっているのかもしれない。

案の定、ダックスフントを連れた親娘三人組は、手水舎の存在など目もくれずにリードを握ったまま拝殿への階段を上り切って拝殿前に立った。それでも参拝だけはまともにするのかと思いきや、拍手を打つ前にあれこれと拝殿内を指差し、雑談開始という始末。挙句の果てには賽銭箱の前で母娘が記念撮影を開始。正に他の参拝の方の邪魔としか言い様がない。

（おいおい、いいのかよ？）

ベンチからその光景を見ていて心の中で思ったが、拝殿脇の社務所に詰めている神社の職員が何も言わないのに私が注意できる立場でもない。

固唾を呑んで見ていると、突然周囲がすうっと薄暗くなった。

（えっ？）

反射的に頭上を見上げた。

雲ひとつない好天の筈だったのに、太陽に黒雲が被さっているのである。

いや、それは正確な言い回しではない。

きちんと言えば「太陽の周りにだけ」黒雲が掛かったのである。

それ以外は、相変わらずの抜けるような雲ひとつない青空。

「おい……」

私がその異変に気が付いて、家内の脇を肘で突いた刹那。

周囲でカタカタカタッと絵馬が揺れ出したと思うと、一の鳥居の方向から突然、凄まじい突風が吹き付けたのである。

その勢いと来たら、周囲の絵馬掛けに下げられた数十枚の絵馬が裏返しになる程凄まじいもので、その何枚かがけし飛び、拝殿前に文鎮を乗せて押さえられていたチラシや祈祷申込書が辺りに散らばる凄まじさだった。

「きゃっ！」

砂埃を舞い上げた突風は、拝殿前でポーズを取っていた母娘に直撃して、デジカメのシャッターを押そうとした男性もろとも土埃に塗れてしまった。

「なんだぁこりゃあ……」

男性が喚いた刹那、周囲がすうっと明るさを取り戻していく。

空を見上げた私は目を剥いた。

あの太陽を覆っていた黒雲はどこかに消えていて、視野一面に雲ひとつない蒼天が広がっている。

ちょうど突風が吹き荒れた時、この傲岸な親娘連れを嫌ったのか、参拝者が多かった割には拝殿前にその三人以外の姿はなく、砂埃を伴った風は彼等だけを直撃した形になっていた。

「……神様に嫌われたな……」

思わずそんな呟きが洩れて、家内が目を剥いた。

実は、これに似たシチュエーションを私は一度経験している。

それは東京都千代田区大手町の皇居脇に位置する、有名な「平将門公の首塚」。

本書を手に取ってページを捲っている読者諸氏には今さら説明する必要も無いとは思うが、お浚（さら）い的に解説を加えれば、平安の昔、京の朝廷の重税に苦しむ民草の苦悩を見かねて、皇胤（こういん）の血筋である豪族・平将門公が関東独立を唱えて反乱を起こした。この乱は関八州の民草からは大いに支持されたが、朝廷側から命を受けた藤原秀郷・平貞盛率いる朝廷軍の手によって、奮戦虚しく鎮圧され、関東独立国家の夢は三か月で幕を閉じ、将門公の首は京の御所周辺に晒し首とされた。

だが、この将門公の晒し首が「もう一戦交えようぞ」と叫びながら宙に舞い、空を飛んで関東に舞い戻り、力尽きて落ちた場所がこの大手町の首塚だという。

この平安の昔からこの場に鎮座する「将門公の首塚」を潰そうとしたり、移動させようとしたりすると、何故か人死にや怪事が頻発し、当時の大蔵省や太平洋戦争後に日本の治安監督を牛耳ったアメリカのＧＨＱでさえ恐れをなして手を引いたとされる、別名「祟りの首塚」。実話怪談の某巨匠をして「百パーセントの場所」と言わしめたあの場所である。

ところがその反面、そうした強い場、空間であるせいなのか、怖い別名を持つ割には参拝者の姿が絶えない。どちらかと言うと首塚は心霊スポットというよりも、感覚的に「聖所」「聖域」に近い空気感が漂っている。

これは本刊の姉妹書『身固異談』の「継承試験」に登場する、一子相伝の祓い屋の系譜であるK・Uさんから教えて戴いたのだが、彼は自身に「濁り」や「良くないもの」が纏わり付いていることに気が付くと、この「首塚」に赴いていたそうである。「そういうもの」を自分で祓えないことも無いのだが、改修以前の「将門首塚」はともかく「場」の力が強く、近付くだけで「雑魚（ざこ）」は外れてしまうので、楽でいいのだというのが理由であった。

その言葉に習って、私も「将門公の首塚」にはよく足を運んでいた。改修以前のこの場所は、境内の隅に大理石のベンチがあり、少々肩が重かったりすると「充電」と称して、そこに三十分程腰掛けていたのである。

ところがある日、そのベンチに佇んでいると、ガヤガヤと騒がしい話し声と共に複数の男女が「首塚」に踏み込んできた。

「なんや、これがあの『将門首塚』かぁ。思ったよりチンケやな」

男性の口から飛び出した関西訛りの第一声がこれである。五十代とおぼしき男性三人と、同世代のオバちゃん二人の五人組。全員が関西弁だったので、どうやら観光客らしい。少々酒でも入っているのか、とにかくガヤガヤと喧(やかま)しいことこの上なく、会話のところどころに「ダサい」「チンケ」という単語が混じり、塚の前に手を合わせる気配もない。どうやら「将門公の首塚」の謂れは知っている様子で、肝試し感覚で訪れてはみたものの、佇まいが普通で拍子抜けしてしまったのだろう。

居心地の悪くなった私は、ベンチを立ってその場から去ろうとした。

するとこともあろうにこの男女、首塚の前でそれぞれのキメポーズを取って記念撮影を始めたのである。二十歳前の若者なら血気の勇も有り得るだろうが、年配の大人のする行為ではない。目を剥いていると、デジカメを構えていた男性が、突然こんな台詞を呟いた。

「あれ、シャッターが切れへん?」

オバちゃんの一人が「またぁ、××さんのカメラ、オンボロなんだからぁ」と嬌声を張り上げる。いや違う、さっきまでは普通に切れてたんやと男性がしどろもどろになっている。何ぐずってんの、早くしいなと急かすオバちゃんらの罵声を他所(よそ)に、男性はシャッターを押すが、やはり撮影ができない様子で、表情が強張っていた。

一方の私はというと、まずい、これ以上境内に留まっていると「巻き添え」を食いかねないと、慌てて「百パーセントの場所」から飛び出した。

(……将門塚の「あれ」って、都市伝説じゃなかったのか……)

たった今、目の当たりに見た「怪異」を振り返り、私は件の男女五人の身の上に何が起こってしまうのだろうかと想像に震えながら、将門公の首塚を後にした。

先の茨城県の神社の時も、彼ら三人組が拝殿の前に立った時だけ、蒼天の空に黒雲が掛かり、土埃を交えた突風が吹き荒れた。将門塚の時と同様に、私だったら平身低頭して逃げ帰るようなシチュエーションなのであるが、やはり「分かっていない人」らの行動とは怖いもので、それでも親子三人組は拝殿前で強引に写真撮影を続け、しかもその後、絵馬にそれぞれ一枚ずつ、何かの祈願を書き込んでいたのである。

あの様子では、そんな祈願が叶う訳がないと思った。それどころか社が預かっていた「厄」を持たされてしまったと考えている。何しろ彼等のところだけ蒼天の陽射しが「遮られて」「砂礫をぶつけられて」しまったのだから。

三人が境内から立ち去った後、一体、絵馬に何を祈願したのか見てみたくもなったのだが、この時も巻き添えを食いそうになる気がしたので止めておいた。

後に三峯神社の境内で「オオカミなんて所詮、絶滅しちゃったんでしょ?」と暴言を吐いた同伴者が、狼を祀る御仮屋の前で、突然の風に煽られ腰を抜かした事件については、同シリーズ『方違異談』の「御仮屋」に書いた通りである。

聖所は観光地でも何でもない。

最低限のマナーや礼節は心得ておくべき場所だと私は考えている。

何しろ「彼ら」は見ているのだから。

22

怪談ライブの夜

こちらも再び、筆者自身の体験である。

今から十数年前の夏、実話怪談をポツポツと執筆し始めた辺りのこと。

執筆者同士のオフ会から知己を得て、当時の私は知り合った怪談執筆者の方々の怪談会やトークライブが開催されると、よく足を運んでいた。

とはいえ、私のこれまでの著作に目を通されている読者の方なら御承知かと思うのだが、同時にこの手の話には、結構な確率で「痛い目」に遭っている。

そんな目に遭わないようにと、この当時は様々な防御法を取っていたが、そのひとつに「怪談会の帰りには、いつも通っている道を使わないで、回り道をして帰る」というものがあった。所謂(いわゆる)、陰陽道でいう「方違(かたたがえ)」の応用のようなものだ。

怪談会の場が迫真過ぎて色々なものが集まってしまい、そのひとつが自分に付いてきてしまったら？

そんな不安を覚えるような場面が実話怪談系では、幾らでも登場してくる。

伝染系の強い怪談、障りのある怪談から身を護る為に神棚を勧請（かんじょう）しはしたが、まだ日も浅かったので、思い付く限りの手段は講じておこうと考えていたのだ。

この日の怪談会は、当時吉祥寺にあった怪談居酒屋（現在は廃業）で毎週土曜日に開催されていた「怪談ライブ」であった。

現在、怪談界では実力・人気共に五本の指に数えられる、怪談作家のYさんがリーダーを務めている怪談サークル主催のライブであり、未発表の怪談の生語りや心霊写真、現地レポートなども交えて、なかなか見応えのあるもので、執筆以外には目もくれていなかった当時の私は「こんな世界もあるんだ」とひどく感心したものである。

さて、その日のライブのメインの出し物がどんなものだったのかは、流石に忘れてしまった。ただ、その夜も、ライブ終了後の異様な興奮と余韻が残り、私はしこたま酔いながらも、主催者のYさんやIさんらと実話怪談について、熱く意見を交わし合った記憶が残っている。

この居酒屋のあった吉祥寺は、私の自宅から、ＪＲと私鉄を乗り継いで、一時間半程掛かる。すっかり話に夢中になっていた私は、私鉄の終電乗り継ぎの時間が迫っていることを知り、ＹさんやＩさんに頭を下げると、慌てて会場の居酒屋を後にした。

普段であれば酒盛りの場といえども、時間に余裕を持って早めに引き上げるのだが、恐らくその時期は、趣味を同じくする人達との新しい関係が楽しかったのであろう。私鉄の乗り継ぎ時間には間に合ったが、しっかり最終電車となってしまい、降車駅の階段を下りている頃、時刻は既に午前一時を回っていた。

改札を抜けると、そこは既に寝静まった駅前通りであり、一緒に降りた乗客らの姿も直ぐに見えなくなってしまった。そしてそこまで来て気が付いたのだが、この頃の私は先に申した通り、怪談会や怪談ライブに参加した後は、最寄りの出口とは反対側の出口から降りて、その近くにある神社の鳥居を潜ってから自宅に戻るようにしていた。

ところがこの日は、乗り継ぎに慌てていたせいか、何と自宅に近い側に降りてしまったのだ。そこから先の神社までは片道二百メートル程離れており、ここを往復してから自宅に戻ると三十分程時間を食う。翌日は日曜であったものの、時刻は午前二時を回ってしまうだろうし、事故にあったのではと家内に心配されかねない。束の間迷ったが、この時は真っ直ぐ家に帰ることにした。

酒が回り過ぎていて気が緩んでいたせいもあったのだろう。縁起を担ぐ私にしては珍しい選択ではあったが、とにかくその晩は、まっしぐらに家に向かってしまったのだ。玄関のドアを開いて「ただいま」と声を掛けると家内はまだ起きていて、深夜ドラマを見ていた。

時刻は一時半を回った位。

そのまま風呂に直行し、家内のテレビに少々お付き合いをして、就寝したのは午前二時半辺りだったと思う。

夜中に「ううー」という唸り声で目が覚めた。

薄明りの中で壁の時計が目に入る。

午前三時半。ベッドに入ってから、まだ一時間程しか経っていない。

慌てて電気を点け、ふと脇を見ると、隣に寝ている家内が「ううー、ううー！」と呻き声を上げ、胸の辺りを掻き毟りながら苦悶の表情を浮かべている。

一瞬、頭が真っ白になってから、今晩が怪談ライブ帰りで、しかも「方違」を行わず帰宅したことを思い出し、私は戦慄した。

家内は余り怪談に興味を持たないいし、障りそのものを信じている方でもない。しかも寝付きが良く、一度寝たら爆睡のタイプで、こんな風に苦悶の表情を上げて呻いているところなど見たこともない。当然ながら芝居は有り得ない。

ライブから真っ直ぐ戻った晩に限って、それが起きてしまったという事実が私の心を慄(おのの)かせた。

ひょっとしたら只の悪夢に魘されているだけかもしれないと、そのまま二十秒程凝視していたが、収まる気配は全くなく、途方に暮れた私は思い切った平手打ちを、家内の右頬にかますこととなった。

バチーン！

目を白黒させながら上体を起こした家内は開口一番、

「……怖い夢を見てた……」

その夢の内容というのが、只事ではなかった。

――そこは、私達の住む自室マンションの玄関前だそうなのだが、そこには赤黒い肉の塊のような赤ん坊がいて、そいつは我が家の玄関ドアにめり込み、部屋の中に侵入しようと試みている。

だが、何故かそれは思うに任せず、ドアの真ん前で必死に藻掻いている――

そんな場面を、第三者視点で見ている夢で、そのあまりの気味悪さ、悍ましさに怖くなって声を張り上げていたそうなのだ。

（やっちまった……）

思わず私は心の中で呟いた。

実は、我が家の玄関ドアの内側には、勧請した神棚の神社の御札が貼り付けてある。いつか私の気が緩んで、こういうことをしでかしてしまうかもしれないと、保険のつもりで貼っておいたものだが、まさかこんなに早く出番が来てしまうとは。

そして、今回こそは霊現象否定派の家内といえども「あなたが怪談なんてやってるから、こんな変なのが現れた！」と罵倒されるのを覚悟した。

何しろ家内はYさんの怪談ライブに行ったことを知っているのだから、肉の赤ん坊が現れた原因は私にしてみれば明白なのである。会場から付いてきたモノに違いないと。さすがに今回は「怪談関係一切禁止！」と釘を刺されるだろうと私は肩を竦めた。

ところが。

「……ああ怖かった。じゃお休みね」

家内は、そのままタオルケットを掛けて寝てしまったのである。

信じていないということは、ある意味、何よりの魔除けなのかもしれない。

翌日、玄関を開けてみたが、ライブ先から付いてきたと思われる肉玉の残滓はどこにもなく、家内にも話題にされなかったので、私は現在もこうして無事に、怪談異談の類を綴っている。

果たして、付いてきたモノが、人に仇為す存在であったかは定かではないのだが、その日から、私が玄関のガードを二重三重に強化したのは言う迄もない。

祓えことば

Y子さんが東京に居た頃、所属していた会社の女子寮は最悪だった。

「木造モルタルの古いアパートをそのまままるごと買い上げたって感じで、『うわっ、出そう』って雰囲気たっぷりで」

部屋は玄関の土間が半畳、六畳一間にキッチンで、トイレは共同。

「ぶら下がってた照明も白熱電球。まるで昭和枯れすすきとか、神田川って風情」

それでも懸命にドレスアップすれば、〈都〉に変貌する。

若い女の子だけにしか許されないような色彩の家具やカーテン、壁紙などを駆使して、思い切り部屋を明るくした。

Y子さんはその頃あるジャニーズ系のアイドルグループの追っ掛けをしており、その中でも一番お気に入りのMというメンバーのブロマイドやポスターを天井や壁にベタベタ貼りまくっていた。

「何か、守ってもらっている気がして安心だったのよね」

両隣の部屋の女の子たちとも仲良くなり、各自の部屋で鍋パーティを行ったりアイドルの話で盛り上がったりして、入室したての頃の陰鬱な感じはどこかへ消え失せた。

「ただね、いつもどこからか視線を感じるの」

他の部屋の女の子も同じようなことをときどき口にしてはいたのだが、あまり気にはしなかった。

ところが、ある日の晩。

異様な寝苦しさに目を覚ますと、布団の上に誰かが正座している。

暗いのでよくは判らないのだが、作業服を着た、中年の男のようだった。

あっ！　と思った瞬間。

両手でがしっと喉を掴まれた。

男は前のめりに圧し掛かり、Y子さんの首をそのまま物凄い力で絞めつけた。

こめかみの血管が膨れ上がり、顔面が紅潮する。

呼吸ができない。助けを呼ぼうとしても声が出ない。

男が闇の中で笑っている。

もうダメだと思った瞬間、天井のジャニーズのブロマイドが視界に入った。

（Mクン、助けて……！　Mクン、Mクン、Mクン！　お願い、助けて助けて助けてお願い助けてMクンMクンMクンMクンMクンMクン……！）

必死の思いで祈っていると、突然、首のいましめが緩んだ。

驚く彼女の目の前で、布団の上の男はすうっと消えてしまった。

状況を呑み込めないY子さんが呆然としていると、遠くから声が聞こえた。

（MクンMクンって、うるせえんだよ……）

以来、退寮するまで、男の霊が出ることはなかったという。

32

因果律

　中越地方の、とある町での出来事である。

　その町の中心には、大きな自然公園がある。

　緑地面積が広く、売店や休憩所、遊具その他の施設も充実していて、地元民の憩いの場として、また、名所として観光ガイドにも掲載されている。

　だが、そうした表向きの顔とは別に、園内の樹木に縄を掛けて首吊りをする自殺者が年間に数人発生する、自殺の名所という裏の顔があった。

　その自殺者も、本来であれば「その内の一人」という認識で終わる筈であった。

　ところがこの縊死した男性の遺体は、公園内の順路に面した場所で首を吊っていたにも拘らず、暫くの間、誰にも発見されることがなかった。

現場検証を行った警察の調べでは、死後一か月、その場所に遺体はあったことになるという。どうしてこんな目立つ場所に縊死体がぶら下がっているのに誰も気付かなかったのかと、警官らは首を傾げた。勿論そんな有様であったので、遺体は腐乱してしまっていたのだが、それでもどうした加減なのか、腐乱臭に気付いた者もおらず、ずっとその場所で木にぶら下がっていたままだったという。

本来であれば、この自殺者の第一発見者は、地元の仲良し三人組の老婆だった。その日、この三人の老婆は、遺体のぶら下がっていた木の近くのベンチで他愛ないお喋りに興じていた。

すると突然、どすっと鈍い音がして、老婆らの足元に何かが転がってきた。どうしたタイミングなのか、縊死していた男の首が折れて、三人の仲良し老婆の足元に転げてきたのだ。

ところがこの三人組、お年を召され過ぎて気が長かったのか、多少認知が進んでいたのか真偽の程は解らないのだが、その首を見つけて「あらあら、こんなところに首が転がってるわ」「あら本当に。こんなものを放って置かれちゃ迷惑よねえ」と、そのままのんびりとお喋りに興じていたそうなのである。

その後、たまたまジョギングで通り掛かった男性が、転がっている首と、それを見て騒いでいるお年寄り達を発見して警察に通報、先の首吊り死体を発見したという経緯になる。ところが奇妙なことに、この第一発見者である老婆らは、その後三人とも一週間以内に亡くなってしまった。

三人とも死因は突然死。

一人目の老婆の仮称をAさんとしよう。

朝、家族らが起きてこないからと様子を見に行ったら、Aさんは寝床で冷たくなっていたという。本来ならこのような不可解な死因の場合、検死に立ち会った医師から警察に連絡が入り、調査が行われるのだが、不審な点は一切なく、事故として処理された。

ところが残りの二人、Bさん、Cさんも、先のAさんと同じ死因で、相次いで亡くなってしまったのである。

そして、ここに奇妙な因果律が存在する。

三人の老婆の死亡確認をした医師が、あの公園の縊死者の検死を行った医師と同じ人物であったのだ。ジョギングで通り掛かった男性とは、実はこの医師だったのである。

一人目であるAさんは、救急車で医師の医院に担ぎ込まれてきた。

しかし、残りのBさんとCさんに関しては、彼がたまたまその近所を歩いていたら、突然その家の玄関から家族が飛び出してきて「あっ、先生、うちのお婆ちゃんが大変なんです……！」という具合に、家に引き摺り込まれたそうなのだ。

そうして医師は、あの縊死体の首の第一発見者である三人の老婆らが、全員亡くなったことを知った。

「こんなことがあるんだねえ……」と、その医師の友人が、彼の口から直に聞いたという話である。

36

格子柄

本シリーズの姉妹書である『身固異談』にて「逐電」という靖国神社の異談を提供してくれた神奈川県のMさんも、やはり医療従事者である。

先の「逐電」エピソード取材の際にも、興味深い話を幾つかお聞きできたのではあるが、残念ながら収録作が八割方定まっていた『身固異談』には掲載できなかったので、改めて、本書でご紹介したいと思う。

Mさんが看護師として初めて勤務した病院での出来事だという。

社会人として、そして見習い看護師として、新たな環境下でスタートを切ったMさんは、覚えなければいけないことが多く、学生時代とは違って責任も重くなり、とても目まぐるしい毎日を送っていた。

勤務開始から二か月、そんな彼女に夜勤当番が廻ってきた。

その病院は夜勤シフトがあったので、業務として、これからもこなしていかなくてはならないことではあるが、昼間は三十人体制で患者の面倒を見ているところを、当直の先輩と二人だけでカバーしなくてはいけないので、未経験ということも手伝い、かなりの緊張感が伴ったそうである。

そんな夜勤番が何日か過ぎた辺りのこと。

先輩看護師とナースステーションに詰めていると、巡回の時間が回ってきた。

「……それじゃ、ちょっと行って来ます」

一度目の巡回は先輩が廻ってくれた。Mさんは懐中電灯を手に取ると、先輩看護師に声を掛けてステーションを出た。

タイル張りの床に、ナースサンダルの足音が木魂する。

灯りが落ちて、非常灯だけが光っている暗い廊下を歩きながら、病室を丹念にひとつひとつ見て回る。緊張感から、まだまだ肩の力が抜けない。

ひとつひとつの動作をゆっくり、そして丁寧に行いながら、漸(ようや)く一階病棟の半分を廻り終わって、外来受付のあるロビーに差し掛かった時だった。

ロビーの一番隅っこの、入院病棟へと繋がる廊下の近く。

昼間は診察の順番を待つ外来患者らで混み合う、ずらりと並んだソファの列の向こうに、銀色に光る点滴スタンドが立っている。

おやと思ってよく見ると、一人の男性がうつ伏せに倒れ込んでいた。

白髪頭の七十歳位の男性で、格子柄というか、洒落たチェック模様のガウンを纏っている。その両手の指が、苦しそうに床を掻き毟っているのが見て取れた。

（はっ……！）

不眠症の入院患者や認知症を患っている患者さんが、夜中に各病棟の廊下に置かれたソファや外来ロビーに、散歩がてらやってくることはよくあると聞いている。その為の夜間巡回でもあるのだが、これは緊急事態だ。

小さな悲鳴を上げながら、Mさんは男性の倒れている元へと駆け寄った。

だが。

男性の倒れていた辺りに辿り着くと、そこは誰もいない。

そんな馬鹿な、とMさんは辺りを見回した。

白髪頭、格子柄のガウン、キャスターの付いた四つ足の点滴スタンド。

苦しそうに床を掻き毟る両手の指。

間違いない。男性は確かにここに倒れていた。それなのにどうして。

(まさか、自力で病室に……?)

それも考え辛かった。Mさんが暗いロビーの障害物を避ける為に男性から目を離したのは、ほんの数秒だ。その間に、あの背の高い点滴スタンドごと立ち去るなど考えられなかった。彼女は手にした懐中電灯で周囲を照らし、待合に据えられたソファの下まで覗いて調べたが、男性の姿は見つからない。

事態が事態である。仮に自力で病室に戻ったとしても、そのままベッドの上で意識混濁を起こしているかもしれない。

Mさんは慌ててナースステーションに駆け戻ると、先輩看護師に外来ロビーでの出来事を報告した。

血相を変えた先輩看護師は、格子柄のガウンを着た患者の病室を確認する指示を出した。そうして二人で手分けしながら、入院病棟を全て見回ってみたのだが、全ての患者たちはよく寝入っていて、どこにも異常は認められない。

先輩はMさんの見間違いを疑ったが、彼女の目撃した患者の様子は具体的であったし、新人として赴任したばかりのMさんが嘘を吐く理由もない。取り敢えず結果的に異常は認められなかったものの、深夜の出来事でもあり、病室チェックに見落としが無かったともいえない。ロビーの床に倒れていた男性患者のことは看護師日報に早番の看護師にあてての申し送り事項として、記載されることになった。

翌日の夜勤明け、Mさんが更衣室で帰り支度をしていると、看護日報を小脇に抱えた看護師長が「ちょっとちょっと……」と彼女を手招きした。

そのまま控室に呼び出された彼女に向かって看護師長は「昨日の看護日報に申し送りしてある患者さんの件なんだけど、あなた本当に、ここにある通りに見たのよね……?」と真剣な表情で切り出された。

何か失態があったのかとMさんが委縮していると「ああ、そうじゃないのよ。貴方は確かに、その方を見たと思っているから」と師長は告げた。

看護師長の話によれば、現在入院している患者の中で、Mさんが見たような、垢抜けた格子柄のガウンを愛用している人間はいないという。

但し、五年程前まで、長期入院していたEさんという七十代の男性患者が、やはり寝付けなかったのか、深夜に外来ロビーに散歩に来て、そこで突然の心臓発作を起こして亡くなっているのだと説明された。

「そのEさんという患者さんが愛用していたのが、お洒落な格子柄のガウンだったの。E

さんが発作を起こした場所もあなたが見た外来ロビーの端っこだったし、昨日はそのＥさんの命日に当たるの。だから、今この病院にあなたの見た患者さんは存在しないんだけど、ここに書いてあること、私は『事実』と認めてるから……」

看護師長の言葉に、Ｍさんは返す言葉がなかったという。

この病院での体験談に関して、事件とは直接関係ないのだが、Ｍさんは面白い考察を付け加えてくれた。

「……でも、ちょっと不思議なんですが、その病院の外来ロビーって、とても広くて、懐中電灯の光なんて、そこまで届いてない筈なんです。なのに私には暗闇の中で、格子柄ガウンの白髪の男性が床を掻き毟っているところがハッキリ見えたんです。これってどういうことなんでしょう？」

私が「幽霊というものは、肉眼で見ているものではないのではないか」と意見を述べると、Ｍさんは「ああ、なるほど……」と納得したように頷いてくれた。

42 うさぎの靴下

こちらも先のMさんからお預かりしていた話である。

彼女は先に登場した病院から、何度か職場を変えていて、このエピソードは東京二十三区内にある、某大学付属病院の外科病棟に勤務していた頃の出来事だという。但し、事件の内容その他にセンシティブな部分が数多く含まれる為、本文にある程度の脚色を余儀無くされていることを、先にご了承願いたい。

ある年のこと。Mさんを含む外科病棟の看護スタッフは、ミーティングで、看護師長から当病院で非常に難しいケースの女性患者を受け入れることになったという告知と、その説明を受けた。

Cさんというその患者は、生まれつきの知的・肉体的な障害を持っており、成人年齢まで生きられないと宣告されていたのだが、僥倖に僥倖が重なったのか、それとも本人自身の生きようとする力が強かったのか、六十少し手前になろうというその年齢まで、人生を謳歌することができた。

しかし肉体の方は限界に達していて、既に何度かの心臓発作を起こしており、機能不全を起こしている心臓弁の手術を施さない限り、次に倒れた時の命の保証はないという診断を下されていた。通常でもリスクの高い手術であるというのに、障害があり高齢に差し掛かるCさんには肉体的な負担も大きく、手術の成功確率も三〇パーセント程度と告知されてはいたが、彼女の母親は「僅かでも可能性を」と懇願し、設備とノウハウの整った、この大学病院が、その彼女の難手術を引き受けることになったという経緯だった。

そうした理由で、手術が無事に成功しても、勤務スタッフらの不備で、患者さんに感染症その他もしものことがあって、病院の名に泥を塗ることのないようにとのお達しであった。

そして入院当日。八十歳を超えているという母親に付き添われて病院にやってきた患者のCさんを見て、Mさんはとても驚いた。染色体異常からなる障害を抱えた彼女の外観は身長一四〇センチほど。

童女のようににこにこと笑っている顔が、よく見れば少々老けているという点を除けば、まるで小学校高学年位の子供に見えて、とても還暦手前の年齢とは思えなかったという。

入院から二週間の準備期間を経て、Cさんの手術は決行された。

その道の権威と呼ばれる執刀医と優秀な手術スタッフ、そしてCさん自身の生命力の賜物なのか、脆弱である筈のCさんの肉体は十数時間に及ぶ手術時間を耐え抜き、移植手術は無事成功、スタッフの間では安堵の溜息が洩れた。


しかし、数日後の晩。経過良好と見られていたCさんは突然拒否反応に見舞われ、容態は一転、危篤状態に陥ってしまった。

連絡を受け病室に駆け付けた母親は、彼女の無事退院を祈って編んでいた「うさぎの靴下」を持参してその手に握らせ「Cちゃん頑張って。退院したら、おはじきしようね、お手玉しようね」と必死に声を掛け続けた。

だが、医師や看護スタッフの懸命の蘇生措置と、奇跡を願う母親の想いも虚しく、Cさんの鼓動は停止、波乱に満ちたその生涯を終えた。

母親は泣き崩れたが、医師やスタッフらをなじることも無く、後日、Cさんの入院していた部屋の荷物を片付けに来ると「Cちゃんの為に最善を尽くしてくれてどうも有難うございました」と深々と頭を下げ、静かに病院を去っていった。

当時、夜勤シフトに当たっていたMさんは、このCさんの臨終の場に立ち会っていて、一部始終を隈なく目撃していたそうである。

看護師として無力感を覚える瞬間でもあったそうだが、その感情をずっと引き摺っていては仕事にならない。それはある角度から見れば、看護師らにとって、日常の出来事でもあるのだ。

落ち込み気味の気持ちを切り替えて、Mさんは通常業務へと舞い戻った。


ところが、Cさんが亡くなって数日ほどした頃。

Mさんが夜勤で先輩の看護師とナースステーションに詰めていると、モニターにナースコールのランプが点滅した。

外科病棟の大部屋に入院しているYさんという方からの呼び出しだ。

「私が行ってきます」

懐中電灯を片手にMさんはナースステーションを出た。

他の医療関係者から他の病院もそうだという裏取りをした訳ではないが、このMさんの勤務していた外科病棟では、容態急変の恐れがある患者は、個室・大部屋を問わず、ナースステーションから一番近い部屋に固められていた。コールがあってから一秒でも早く駆け付けられるようにとの配慮なのだという。

コールはそのステーションから一番近い四人部屋に入院していたWさんという患者からであった。非常灯のみの真っ暗な廊下を、懐中電灯で足元を照らしながら病室の引き戸をそうっと開く。

そしてベッドのカーテンを捲ると、Wさんは彼女の到着を待ち受けていた様子だ。どうやら容態の急変等ではないらしい。

「Wさん、どうかしましたか?」

懐中電灯の光を足元に落としながらMさんが尋ねると、ベッドから半身を起こしていたWさんは、妙なことを口にした。

「……さっきから子供が、部屋の中パタパタ走り回っていて『あそぼ、あそぼっ』て煩いんだよ。入院着着てたから患者の子だと思うけど、あれ、何とかして貰えないか?」

Mさんは怪訝な表情を浮かべた。

たった今、廊下を通ってきたばかりであるが、人の姿など見掛けなかったからだ。

ましてやこの夜中に、小児病棟に入院している子供が、階数の違う外科病棟をふらついているなど考えられない。恐らく何かの勘違いであろう。

「Wさん、私、今ナースステーションからここまで歩いて来ましたけど、誰もいませんでしたよ。第一、子供が部屋を走っていたら、他の皆さんも気が付くでしょ」

「本当なんだよ。十歳位の女の子だよ。そこの仕切りカーテンから顔出して『おはじきしましょ、お手玉しましょ、遊びましょ』ってニコニコ笑ってたんだ。そうそう、手にうさぎの刺繍の入った靴下握ってたよ」

その言葉を耳にして、Mさんは血の気が引いた。

Wさんが見た女の子とは、数日前に亡くなった、あのCさんのことではないかと。

（あの晩のやりとりを、Wさんが知っている訳がない……）

震える膝を懸命に踏ん張りながら、Mさんはもう一度周囲を見回るからとWさんを宥めて寝かしつけ、青ざめた表情でナースステーションに戻った。

「どうしたの。何かあったの？」

先輩が尋ねてくる。とても説明できなかった。

Wさんが、悪い夢を見て魘された様子です、とその場はお茶を濁して済ませた。

ところが、翌日の夜勤の晩。

先のWさんの部屋から、またナースコールが鳴ったのである。

だが、それはWさんではなく、同じ部屋に入院しているNさんという患者さんからであった。前日のことがある。胸騒ぎがしたMさんは再び懐中電灯を片手に部屋へ向かった。すると、Nさんも「女の子が入ってきて『お手玉しましょ、おはじきしましょ』と枕元で煩いから、何とかしてくれ」と訴えてきた。

そして、その女の子は、やはり「うさぎの靴下」を握っていたという。恐らくその子は死んでいるのでどうすることもできませんという訳にも行かない。

前日同様「誰も居ませんでしたよ」を繰り返すしかなかった。

しかし、更に翌日の晩。

また、同じ部屋からナースコールがあった。やはり同屋のDさんという方からである。状況はまったく同じ。部屋の中を走り回る足音がしたかと思うと、子供が入ってきて『あそぼう』と問い掛けてくる。

奇妙なことに、先にコールをしてきたWさんやNさんはそれに気付いている様子もなく、仕切りカーテンの向こうで、すうすうと寝息を立てている。

結局その週は、同じ部屋での入院患者Eさんからもコールがあり、「うさぎの靴下」を持った女の子が煩いという苦情を受けてしまった。

申し送り日誌には、「幽霊を見たらしい」と書く訳にも行かないので「物音に目覚めて不安になった」と無難な書き込みをしたが、子供のままの心を持ったCさんは、恐らく「自分が死んだ」という観念を持ち合わせていないのだとMさんは思った。そして、肉体という名の不便な枷を外されたことによって自由を得たCさんは、遊び相手になってくれる大人を探しているのではないのかとも。

自身の死というものを実感できず、大好きなうさぎの靴下を握り締めながら、夜な夜な院内を彷徨(さまよ)い歩く、子供のような外観を持ったCさん。

そんな彼女に一抹の憐憫に近いものを持ち合わせていたMさんだが、そんな彼女の予想を超える事態が発生してしまった。

Cさんの幽霊が訪れた、先の部屋の四人の入院患者らの容態が、次々と急変、Wさん、Nさん、Dさん、そしてEさんが、そのまま相次いで亡くなってしまったのである。一人一人の容態の急変ぶりを目の当たりにしながら、それでもMさんは、施術まで看護師らと無邪気なやりとりをしていた生前のCさんの姿を思い出し、それを「悪い偶然」と考えるようにしていた。

（……あの四人部屋の患者さん達は、どの人も決して経過が良いとは言えなかった。患者さんが立て続けに亡くなることも、これまでだってあった。たまたまCさんが亡くなった時期と、不幸が重なってしまっただけなのだ……）

いつもにこにこと笑っていた、あの子供のような心を持つCさんが、外科病棟の四人の入院患者らを闇へ引き摺り込んだなどと考えたくなかった。

だが、信じ難い「現実」は、Mさんの希望を打ち砕いた。

四人部屋の患者等が相次いで亡くなってから間もなくのこと。

外科病棟にRさんという新規の患者さんが入院してきた。交通事故による怪我の切開手術で入院を余儀無くされたそうなのだが、特別、命に別条のあるものではないという診断が下されていた。ただ、生憎ナースステーションより離れた場所に位置する「軽傷の入院患者」らが入院している大部屋のベッドが全部塞がっていたので、その並びに位置する個室を使用することになった。

ところが手術から二日目の夜、このRさんからもナースコールがあった。

再び懐中電灯片手にMさんが病室に向かうと、Rさんはベッドの上で真っ青な顔をしていて、病室を替えて貰えないかという。

どうしてですか？　という彼女の問いに、Rさんは力無い声で、

「何か『遊ぼう、遊ぼう』って、靴下持った子供が来るんだよ。この部屋、お化けが出るとかいう噂があるんじゃないの？」

　喉まで出掛かった声を呑み込んで「そんな話はありませんよ」とRさんを宥めながらも、Mさんは内心の動揺を隠せなかった。

（Cさん、まだこの病棟に居るんだ……）

とは言え、Rさんの怪我は、命に別条のある重篤なものではない。それは看護師のMさんから見てもひと目でわかる。Cさんは、遊び相手欲しさで出てくるだけだろうから、先の大部屋の四人のようなことにはならないだろうとも考えた。一週間もすればRさんは退院するだろうから、そこまで「現象」を誤魔化し切ろうと考えたのである。

　ところが、軽い手術だったにも拘らず、Rさんは術後の経過が芳しくなく、ずるずると入院が長引く羽目になった。人づてに聞いた話では、Rさんは他の看護師に対しても病室を替えて欲しいとしきりに訴えていたそうである。Mさんは不穏なものを覚えながら、Rさんの病室を見回りに訪れた。

するると、ある独特の臭気が病室に漂っている。手遅れの患者や臨終間際の患者の病室に漂う香り、所謂、彼女が「死臭」と呼んでいるものだ。

（まさか……！）

間もなくRさんは容態が急変して息を引き取ってしまった。担当の主治医も首を傾げるような、あっけない死に方だったという。

そして、災禍は別の個室部屋に入院していた患者らをも襲った。

Rさんとは別の個室部屋に入院していたZさんという患者が、部屋を大部屋に移して欲しいというのである。

「毎晩、病室にうさぎの模様が入った靴下を持つ女の子が来て、おはじきやお手玉で遊ぼうって煩いんだよ。でも周りに聞くと、そんな女の子は誰も知らないって言うんだ。私はもう長くはないのなかって思っちゃって、夜一人で居るのが怖くて怖くて……」

Mさんは目の前がくらりとなった。

実はこのZさんも、本来なら命に関わる重篤な症状の無い、軽傷の部類に入る患者であった。それが巡回の都度、顔から生気が失せていき、病室にはあの不吉な異臭が漂い始めている。

Cさんの幽霊が枕元に現れると、どんなに軽傷の患者であっても「その患者は亡くなってしまう」という事実にMさんは戦慄した。

彼女には、入院してきたばかりの頃の、無垢な子供のように、にこにこと笑うCさんの顔しか思い浮かばない。

だから無邪気に「遊ぼう」と患者らの枕元に現れるCさんの幽霊を「害のないもの」と考えていたかった。しかし、流石にここまで来ると、それは間違っていたという認識しか残らない。

生まれつきの障害を抱え、薄幸の人生を辿りながら亡くなった童女のようなCさんは、今や不吉な禍物へと変貌して、この外科病棟に死の影を落としているとしか思えなくなっていた。

Zさんが亡くなった時点で、悩んだMさんはこれまでの出来事の全てを看護師長に打ち明けた。「うさぎの靴下」を持ったCさんの姿を見た患者らが、全て死んでしまったことなども含めてである。

「そう。他の看護師さんからもちらほら耳にはしていたけど、やっぱりそうだったのね……」

難しい顔で考え込んでいた看護師長は、Mさんを伴って院長室を訪れた。

看護師長とMさんから報告を受けた院長も、椅子の上で腕を組みながら、

「そうか、事情は分かった。最近、入院患者の死亡が目立っているなと思っていたが、やはりそういうことか。了解した。然るべき場所に連絡を取っておくようにするから……」

と呟いた。


然るべき場所。

それは東京某区にある、ある有名仏教宗派の大寺院のことである。

ここには法力の強い祈祷僧らが何名も在籍している。Mさんの勤務する病院では「その手の問題」が発生するとお出で願うのが習わしとなっていて、Mさんもその姿を何度か見掛けることがあった。

この病棟に配属になり、先輩から言われて知ったことなのであるが、彼女の勤務するこの大学付属病院は、様々な設備とその道のベテラン医師が多数勤務する名の知れた病院だ。従って通常の病院設備では対処できない重傷患者や、難しい手術を必要とする患者が運び込まれてくる。だが、そうしたハードルの高い患者を受け入れている分、そのまま病院で亡くなってしまう方も多い。

そうして、昏睡状態のまま亡くなった患者や、突然の容態急変で亡くなった方の中には「自身の死に気付かず、夜な夜な病棟内を彷徨う者」が少なからず出てしまうそうなのである。

それらを職員が目撃するのならまだいいのだが、入院患者らに見られてしまったら、病院自体の評判に支障が出る。

いつの頃からか、Mさんの大学病院では、先の宗派にそういった事案を一任することになったそうで、これには院長も暗黙の了承をしているのだという。事実、この寺から来た祈祷僧が引導を渡しに赴いた後、「亡くなられた筈の方の目撃」はピタリと止んでしまう。

某日、寺院から派遣されてきた祈祷僧は、面会時間が終わる頃を見計らって病院へとやってきた。そして外科病棟に足を踏み入れるなり「ああ、これは……」と顔を歪め、そそくさと経文を唱え始めた。

因みにこの時の祈祷僧は「視える人」だったそうで、MさんがCさんの臨終の場に立ち会ったことを耳にすると、

「あなたは霊感がお強いから、憑き易かったみたいですね。あの女性（Cさん）は、あなたの後ろを付いて回って、病棟を徘徊しながら、自分の『遊び相手』を物色していた様子です」と、個人的に特別なお祓いを施してくれたという。

寺院から派遣されてきた僧侶が、どんな修法を行ったとかは、門外漢のMさんは全く解らないのだが、その日を境に「うさぎの靴下を持つ子供」が患者らの枕元に現れることは、一切無くなったそうである。

この件に因んで、Mさんは興味深い事実を付け加えてくれた。

実は、無邪気な厄神となったCさんを祓った寺院や僧侶の存在は、院長公認であるにも拘らず、他の病棟の看護師らにはあまり知られていないのだという。

何でもその病院では「亡くなった方」が目撃されるのは外科病棟がダントツに多く、内科病棟や小児病棟では、病室で亡くなる方が居ても「迷い出る方」がない為、件の僧侶ら

への依頼は殆ど無いそうなのだ。

「内科や小児科では、重篤な患者さんほど入院生活の長い方が多いので、その間に死生観が出来上がってくるからなんでしょうね。先にも申しました通り、外科の患者さんらは、突然の事故で意識不明のまま搬入されてきたり、容態の急変で突然亡くなったりしますから、Cさんのように「死」という認識の固まっていない方は「私はまだここに居る」と「自身の死」を自覚できないまま、現世を彷徨ってしまうんじゃないでしょうか。先の宗派のお坊さんの受け売りなんですが……」

Mさんはそう言って、この異談の顛末を締め括ってくれた。

58 開かずの間

「現代雨月物語」シリーズではお馴染みの顔触れである、学生祓い師のTさんからは、数多くの体験談と、現場での心得や人ならざる者らへの対処法などの数々をご教授頂いている。今回もまた、それらの幾つかを紹介してみたいと思う。

その時、所属グループから彼女に持ち込まれた依頼は、横浜・関内にある古いオフィスビルの一室。問題の部屋は、よく謂れが分からないのだが、以前から使用してはいけない「開かずの間」として、古株の社員の間で語り継がれていた。

ところが社長が代替わりして、こんな広い部屋を空けておくのは勿体ない、しかし社員らの間では悪名が高すぎてオフィスには使えないという話になり、仕方が無いので、在庫商品を保管する倉庫として使用することにしたのである。

だが、その部屋に保管された品物は、扉が厳重に施錠されているにも拘らず、数日すると段ボール箱ごと潰れていたり、粉々に砕けてしまったりする。そんなことが何度も続き、「開かずの間の祟りだ」と社員達の間に動揺が広がり始めたので、Tさんの所属するグループに調査依頼が舞い込んで来たという経緯があった。

ところが初めに派遣された霊能者には、その原因の糸口すら掴めなかった。そこで、この現象は人霊的なものではなく「あやかし」関連が原因ではないかという話になり、Tさんにお鉢が回ってきたのである。

まだ年齢の若いTさんは、依頼者が同伴する事案の場合、現場に赴く時、Bさんという年上の女性パートナーと行動を共にする。

このBさん、実務経験や交渉力に長けてはいるが、霊能・霊感の類は一切ない。しかしTさんの卓越した能力は、仲間内でこそ確固たるものであるが、依頼者側の視点からでは若輩の「小娘」にしか映らないので、舐めた態度を取られたり、苦言を呈されたりすることがしばしばあった。そのため、対応策としてこのBさんが「派遣されてきた祓い師の偉い先生」を演じ、Tさんはそのアシスタントという形を取って、ペアで事件調査に当たり、結果と対策を依頼主に報告するのである。

閑話休題。

問題のビルに訪れて、オーナーがドアを開けるなり、Tさんは仰天するものを目の前にした。

茶色い剛毛で覆われた、巨大な毛むくじゃらのものが、部屋の入口全体を塞いでいるのである。息を呑むTさんを尻目に、Bさんと依頼人は躊躇いもなく部屋へと歩を進める。二人の姿はその茶色いものの内側にするりと潜り込んでしまったのだが、彼女はその剛毛の塊に遮られて部屋に入れない。耳をすませば、室内からは何事もない様子で、依頼者のオーナーとBさんの会話が聞こえてくる。

(これは、一体何なのだろう?)

Tさんがその塊を拳で叩いてみると、軽い弾力があった。

何かの動物の身体のように思えるが、その姿を認識できていないBさんと依頼者のビルオーナー社長は、この入口を塞ぐものをものともせず「開かずの間」に易々と入れるのである。

この世に属さないモノ、あやかしの一種であることは間違いない。

だが、その存在を感知できるTさんは、どういう訳か目の前の剛毛の壁に阻まれて中に入ることができないのである。

内側の様子を見られないのでは、話にならない。

部屋を出てきたBさんに「視えたもの」を告げると、彼女も顔色を変えた。

「……外を調べていた助手の彼女が気付いたことがありましたので、一度引き返して準備を整えて参ります。幸い、明日は日曜日ですから、社員さんらに気が付かれないように処理しておきますので……」

実務に長けたBさんは、咄嗟にそんな嘘を吐いて、オーナーからビルの鍵を借り受けることに成功した。


翌日。

依頼人のいない二人だけの調査が開始された。

再びドアを開くと、入口一面の剛毛の壁が視野を塞ぐ。その姿を感知できないBさんは、やはり何の苦も無く部屋に入れてしまう。だがTさんは前日同様、中に入ることができない。その様子はBさん側の視点からだと、彼女が見えない壁にぶつかっている一人芝居をしているかのように見えた。

やけ気味になったTさんが思わずそれを蹴飛ばすと、巨大な動物の唸り声と共に床下に僅かな隙間が開いた。そこを匍匐前進の要領で突破しようとしたが、途中で挟まってしまい、また身動きが取れなくなった。ともかくTさんは必死なのだが、Bさんの視点から見ると、単純に彼女が何もない場所で、パントマイムのようにじたばたしているようにしか見えないのである。

部屋に居たBさんが外に出て彼女の足を引っ張り、事なきを得たものの、さてどうするかと思案に暮れている時、あるマンガのワンシーンが脳裏に浮かんだ。

早速試してみると、今度はすんなり部屋に入れたのである。

その方法とは、BさんがTさんをおんぶすることだった。

やっと目にした部屋の中を見て、再び彼女は仰天した。部屋全体の三分の一を占めるような、巨大な茶色の毛むくじゃらが鼾をかいて「居眠り」をしている。

害意的な、邪悪な気配は漂わせてはいないのだが、こんなものが寝返りを打ったら、備品が潰れたり、壊れたりすることもあるだろう。

「開かずの間」はずっと締め切られたままであった。

そんな考え方から、取り敢えず風通しを良くして、日光を浴びせれば霧散するかもとカーテンを開き、窓を全開にしてみたものの、茶色い土ころびは鼾をかいたまま、びくともしない。

仕方がない、と周囲を見渡すと壊れた竹箒があったので、それを大上段に構えて土ころびの頭と思えるところに振り降ろした。

「パッカーン」と音がして、どういう訳か手応えがあり（筆者注・部屋に入った方法といい、彼女が持った竹箒がヒットしたことといい、そこには一体、どんな物理法則が存在するのか）驚いたあやかしは「グモッ」と牛が唸るような声を上げると、開いた窓から一目散に飛び出していった。

以来、この「開かずの間」での変事は二度と起きなくなった。

「……あの毛むくじゃらが、いつからあの部屋に棲み付いていたのかは定かではありませんが、使われていないと考えて入り込んだ「開かずの間」は「あれ」にとって、とても居心地のいい場所だったのかもしれません。今回は依頼者側に被害が出たので仕方がありませんけど、害意はなさそうなものだったので、新しい棲家が見つかっていればいいのですが……」

余談であるが、一般的に空気の流れの澱む場所は「そうしたもの」の棲家（すみか）、或いは溜り場になり易いので、特に謂れのあるものでなければ、家屋、或いは部屋等の通気・換気は、まめに行った方が良いと、その手の資料にはよく書かれていることでもある。

母の日

それはTさんが高校生の頃のこと。

母の日を間近に控えていたTさんは、自身の母に大好きなピンクのカーネーションをプレゼントしようと、こっそり花屋さんを訪れていた。

手頃な鉢植えのカーネーションを見繕ってもらいホクホクしていると、店内でうろうろしている、十歳ぐらいの男の子に気が付いた。

会計を終えたTさんの顔を羨まし気に見詰めている。

気になった彼女は、その子に「どうしたの？」と声を掛けた。

すると男の子は「お母さんにプレゼントを買おうと思ってたのに、お金を落としちゃったの」と泣きそうな顔をした。

ちょうどアルバイトの給料日後でもあったので、Tさんは小さなカーネーションの花束を購入すると「はいこれ」と男の子に差し出した。

「ありがとう、お姉ちゃん！」

男の子は花束を受け取ると、嬉しそうにお店の外に駆け出して、そのまま突然、宙に浮いたかと思うと、空の彼方へと走り去ってしまった。

「あ」

騙された。

それでも、母親想いの小さなあやかしが、とてもいじらしく思えたそうである。

「あやかし達の世界にも、母の日はあるんでしょうか？」

Tさんは、優しくこの話を結んでくれた。

奈落

その日、Tさんは高校時代の友人の家に遊びに行き、最寄りのバス停から帰り道をとぼとぼと歩いていた。

時刻は六時を少し回っていたが、七月の日没が遅い時期であったそうで、周囲はまだまだ明るかった。

バス停から彼女の家に辿り着くまでに、丘を切り崩して十メートル位の壁面をコンクリートで固め、真ん中に道路を通したような場所が数か所ある。彼女の自宅は関東近郊に位置する某県の高台にあり、交通量も人通りもそれ程ではない為、歩道と車道の合間には雑草が生い茂り、少し荒れた感じのする場所だ。街灯も少ないので夜になればかなり闇が深い。とはいえ慣れた道である。まだ陽も残っているので、あやかし関連の不可解な現場で実践を重ねている彼女にとって、それまで「危険な場所」という認識はなかった。

ところが、この日はそうではなかった。

いつものように歩道を歩きながら、その壁の横を通り過ぎようしたところ、不意に「ボコン」と音がして、すぐ脇の壁にポッカリと穴が開いたのである。

高さは地面から五十センチ程の位置。

思わず立ち止まるTさんの目の前で、コンクリートはボコボコと音を立てて内側へと崩れ出し、そこには人間一人が立って歩けるほどの巨大な穴が生じたのである。

(何、これ……)

突然の出来事に戸惑いながらも、彼女は遠巻きに穴の中を覗いた。

コンクリが崩れて出来上がった穴の向こうは、深い空洞になっている。

これはどういうことなのだろう。

何かの原因でコンクリが崩れたとしても、その向こうには土肌が存在しなければおかしい。Tさんが首を傾げていた刹那、それは突然、ぐじゅう、という感じで穴の中から彼女の眼前に溢れ出た。

身体の反応が追い付かない。

立ったままの金縛り状態で、両眼だけが現れた異形の姿を追い続ける。

闇だ。

目の前に現れたのは、奈落の底を思わせるような真っ暗な闇が、この世へとまろび出てきたような、そんな化け物だ。

巨大な粘菌を連想させる。

それは、心太が押し出されるかのように壁の穴から溢れ出て、アスファルトの上にどろりと蟠った。これは危険なものだという直感が、脳裏を過ぎる。

だが、身体は竦んでしまって、言うことを聞こうとしない。

粘性の闇は、捕食動物の動きで獲物の気配を感じ取ると、ゆるやかな動きで彼女の足元へと動き始めた。

悍ましい奈落の闇色に慄いて、Tさんは動くことができない。流動するものはゆるゆると、しかし確実に彼女の足元へと迫ってくる。

こんなものに取り込まれたら、一体どうなってしまうというのか。

すんでのところで、意識が恐怖に打ち勝った。悲鳴を上げながら、無我夢中で壁際から走り出す。そのまま暫く走って後ろを振り返ると、黒い化け物は姿を消していて、壁の穴すら既になく、山肌のコンクリ壁は元に戻っていた。

あやかしを視認し、危険な現場を何度も潜り抜けた実績のある彼女が、得体の知れぬもの餌食にされそうになった恐怖に震えが止まらず、その晩は一睡もできなかったそうである。

「……初めて視るものでした。あの化け物が、私が霊感持ちだと知って狙いを定めたのか、そうでないのかまでは分かりませんが、あんなものが無差別に人を襲い始めたら、どう対処したらいいのか、私にも見当がつきません……」

彼女からの報告メールは、そんな不吉な文章で締め括られていた。

日本では、理由なくその消息を絶ってしまう「行方不明者」の数が年間で八万人に及ぶ。そのうちの何パーセントかは、Tさんを襲った、この黒い闇の餌食になったのではないかと考えてしまうのは、あくまで「筆者の個人的見解の範疇」に留めておくことにする。

雨合羽

M子さんが、まだ実家にいる頃のこと。

彼女の田舎は、東北の漁村である。


ある冬の早朝、家族がまだ寝入っている頃、自分の部屋の襖がノックされると同時にからりと開いて、父のY蔵さんが顔を出した。

心なしか、顔が引き攣っている。

「どうしたの？　日曜なのにこんなに早くから」

Y蔵さんは、バツが悪そうな顔をしながらも、彼女にこう言った。

「M子、ちょっと、バアちゃんの様子見てきてくれんか？」

「え、どうして？」

「いいから」

どうにも様子が変なのだが、言われた通り、離れにある祖母の部屋を覗きに行った。

こそっと襖を細めに開くと、祖母はまだ、布団の中で寝ている。

「バアちゃん、まだ寝てるけど？」

「ああ、何だ、知らない人だったのか。それならいい」

「え、ちょっと、なにそれ？」

父親を問い詰めると、こんな話を始めた。

自室で寝ていたY蔵さんが何の気なしに目を覚ますと、視野の隅の方に、黒い雨合羽を着た人物が立っている。

シルエットからして、小柄な女性らしい。

深く被ったフードのせいで顔こそ見えないが、身じろぎひとつせず、こちらを見据えていて、全身からはぽたぽたと雫が滴り落ちている。

咄嗟に、「水難者だ」と思い、布団に潜って縮こまった。

ところが、ふと「あれはうちのバアちゃんじゃないか？」と思った。

この辺りでは、漁師の家でなくとも、女性は明け方に漁船などに便乗し、近くの岩場へ乗りつけ、昆布や岩海苔などを取ったりすることがある。

そこで、足を滑らせて、突然の高波に攫われて亡くなる人も多い。

そうした不幸な水難者が今際の際、家族の前に姿を現したという話は、この辺りでは珍しくない話だった。

（あの雨合羽、バアちゃんのに似てた。そういえば身体付きも……）

そう考えると、今度は居ても立ってもいられなくなった……。

「でも、今度はバアちゃんが布団の中にいなかったら怖いと、自分では確かめに行けなくて、私が起き出す頃を待っていたそうなんです」

家

「現代雨月物語」シリーズの姉妹書『物忌異談』で「忌み地」という挿話を提供して戴いた、埼玉県在住のOさんの話である。

Oさんは現在、父親の経営する建築会社の手伝いをしており、その主な仕事は家屋の外壁塗装や・リフォーム関係。都内二十三区や東京近郊の現場の様子を見回って、作業の保安状況や進捗度を管理する、現場監督役を受け持っている。

その日、彼は顧客の依頼で区内某所にある高級住宅街のリフォーム現場の打ち合わせと、近隣への挨拶回りに出向いていた。

こういった仕事に就くまで、Oさん自身知らなかったそうなのだが、住宅の外壁塗装やリフォームというものは、単に仕事を受注して、作業に掛かれば良いというものではなく、そこに至るまでにも、地道で入念な下準備があるそうだ。

例えば、作業を施す家の、隣近所への御挨拶や御機嫌伺い。

何だ、そんな事かと思われるかもしれないが、これが意外と厄介なのだとOさんは語る。第三者には理解出来ないような、施工主と近隣の家との人間関係の連綿としたこじれが存在していて、いざ作業が始まってから、作業音が煩い、塗装の匂いが臭い等の様々なクレームが入り、その都度作業が中断、納期や工期が大幅に遅れる事があるという。すると諸々の支払いが滞って、Oさんの会社も下請け業者や材料費等の支払いが遅れ、雪崩れ式に損害を被ってしまうという図式になる。

その為、施工に取り掛かる際には、菓子折りを片手に向こう三軒両隣に御機嫌伺いの挨拶回りに出向き、近隣の情報収集を行う。持参する菓子折りもそれなりの高級品だ。それを見ると大抵の相手はニンマリと機嫌を良くして気を緩める。施工主と日程の打ち合わせを行った後、Oさんは乗ってきた車のトランクから菓子折りの手提げ袋を取り出すと、いつものように近隣への挨拶と情報収集を始めた。

都内でも高級地に当たるその界隈は、小綺麗な一戸建てが多い住宅街なのだが、周辺の品定めをしていた彼は、施工する家と道路を挟んだ、はす向かいにある家に、違和感を覚えていた。

そこは、低いブロック塀に囲まれた、そこそこな造りの二階建ての家なのだが、周囲の家々とは異なって、どの窓もカーテンに閉ざされ、ベランダには洗濯物も干されてない。ひとの気配の漂わない、生活感が皆無の家。

所謂、空き家の気配なのだ。

しかし、多少荒れた印象があるものの、廃屋というレベルでもない。

勿論、幾つもの現場を見回っているOさんにしてみれば、そんなシチュエーションなど幾らでもある。だからその時はあまり気にも留めなかった。

いつものように、施工主の家の向こう三軒両隣に的を絞って、手前の家から呼び鈴を押す。最近はこうした高級住宅街でも共働きの家が多く、平日の昼間に訪れても留守の家が多いのだが、運よく一軒目の家から、現場をリタイヤして悠々自適という感じの初老の男性がインターフォンに出てくれた。

「……あの初めまして、私、△△株式会社のOと申しまして、今回お隣のRさん宅のリフォーム作業を請け負う事になりまして、現在、近隣の御挨拶回りに伺ってまして……」

頭を下げながら持っていた菓子折りの手提げ袋を差し出すと、玄関口に顔を出した男性は、そこに印刷された老舗のブランド銘に目を細めながら、これはご丁寧にと頭を下げた。

手応え的に、この家は、施工主のお宅と人間関係が悪い訳ではないらしい。

簡単な世間話を交えながら、Oさんはこの男性から近所の家の事についても探りを入れてみたが、特段仲の悪い家は無い様子だ。他の家にも御挨拶をしたいので、家人の在宅時間等を伺うと、初老の男性は快く教えてくれた。

ところが。

「……ところで、あの、道路を挟んだ、あの、はす向かいの家は、どういった方がお住まいなんでしょうか?」

例の、ひと気のない「家」に話題が及んだ瞬間、男性の表情が突然硬くなった。

視線に漂うのは、脅えと嫌悪の色合い。

「……ああ、あそこね。あそこは……、別に挨拶に行かなくてもいいと思うよ」

濁したような口調で、男性はそう言った。

関わり合いにはなりたくない雰囲気があからさまに伝わってくる。

ははん、これは何かあるなと感じ取ったOさんは、それ以上突っ込む事も無く、初老の男性の家を引き上げた。

（トラブルは芽のうちに。他で探りを入れてみるか）

車の中で休憩を済ませると、Oさんは、先の男性の家から得た情報を元に、他の住宅の訪問を行い、笑顔を浮かべて挨拶を交わした。

その結果、どの家もやはり施工主のRさん宅とは、トラブルがない様子だ。ただ、あのはす向かいに位置する「家」の事を口にすると、誰もが口を濁した。

『あそこは別に行かなくても……』

『気にしないでいいんじゃないかなあ……』

訪れた家の住人らは一様に「家」に関しての話題をはぐらかそうとしているのが見て取れた。やはり見た通りに、あの「家」は空き家なのだろうか。それならそれで「空き家だから」と率直に答えればいいのに、彼等は何故そう言わないのだろう。空き家のように見えるのだが、やはり住人が居るのだろうか。

だとしたら、先に回った家々の反応から考えて、近隣でかなり煙たがられている人物が住んでいる可能性がある。

それはそれでまずい事だ。そんな問題のある家に挨拶を行わず、後々に大クレームに発展したとなったら元も子もない。取り敢えず声掛けだけでもと、Oさんは問題の「家」の門の前に立った。

表札は外されている。呼び鈴を押してみるが反応がない。

だが、呼び鈴が壊れている家など沢山ある。意を決してOさんは門の取っ手に手を掛けて引き戸を開いた。

ゴツゴツと、立て付けの悪くなっていた戸を開くと、門から玄関までのアプローチや中庭は、彼の腰の高さほどもある雑草が、びっしりと生い茂っていて荒れ放題だった。誰かが歩いて踏み慣らした跡もなく、人が行き来した痕跡自体が見当たらない。

(ありゃ、やはり空き家なのかな?)

しかし、そう決めつけるのは危ない事だとOさんは思っていた。

何しろこの家よりも遥かにオンボロで、半ば傾いたような家に住人が居た事もある。真偽を確かめようとOさんは雑草を掻き分けながら、玄関のガラス戸前まで辿り着き、そこから「御免ください」と声を掛けた。

しかし何の反応も無い。

もう一度声を掛けたが、辺りはしんと静まり返ったままだ。

やはり空き家なのかな、それにしてはと踵(きびす)を返し掛けたOさんは、ふと思い付いて、玄関脇に据え付けられた電力メーターを覗いた。

すると僅かな量ではあるものの、数字が動いている。

(何だ、やっぱり人が住んでいるのか。この庭の荒れ方から見ると年寄りの一人住まいかな。耳が遠いか何かで、ここからでは聞こえないんだろう)

独り言ちると、Oさんは玄関から、雑草の茂る中庭を抜けて、家の裏側へと回り込んだ。するとと。

裏庭に面した、リビングらしい部屋のサッシ窓から、ちらちらと光が洩れ出ている。どうやら誰かがテレビを見ているらしい。窓はカーテンで閉ざされているものの、画面の明滅に合わせて、そこに見ている人物の後姿がほんのり浮き上がって見えた。耳をすませば、微かにテレビの音声も聞こえている。

(ああ、やっぱり人が住んでいたよ、危ない、危ない)

ふうと溜息を吐きながら、Oさんは光の明滅するリビングに向かって声を掛けた。

「あの、御免下さい……」

刹那。

突然、テレビの画面が消えて、カーテンの向こうが真っ暗になったのである。

(あれ?)

誰かが出てくるのかなと待ち構えたが、人が出てくる気配はない。

「御免下さい……!」

再びリビングの窓に声を掛けたが、辺りはしんと静まり返ったままである。

(こんなところから声を掛けたから、怪しまれたかな?)

それはそれで、勝手に敷地内に侵入しているのだから、これ以上強引な手に出るのはまずい。強盗か何かと勘違いされて警察にでも連絡を入れられたら厄介だ。

空気を察して、Oさんは足音を忍ばせながら、問題の「家」の敷地を出た。


それから数日後。

Oさんは現場の定期巡回で、このRさん宅を訪れた。

すでにRさんの敷地内には、足場の資材や塗料などが運び込まれており、翌週からは改修の作業を開始する予定であった。

再びRさんと世間話をしながら進行の打ち合わせをしていると、施工主のRさんが彼の右手に提げられた菓子折り袋を目にして、声を掛けてきた。

「あれ、今日も挨拶に行く家とかあるの?」

「ええ、そうなんですよ。この間こちらに来た時、あの道路の向かいの「家」だけ御挨拶が出来なくって……」

愛想笑いを浮かべながらOさんがそう返すと、Rさんは素っ気ない口調で、

「ああ、あの家は空き家だから、挨拶に行かなくても大丈夫だよ」

「え？」

Oさんは顔を顰めた。

「そんな事ないですよ、人住んでましたよ？」

「え？」

今度はRさんが眉をひそめた。

「そんな訳がないんだけどな」

「だって、私が先日伺ったら、庭は草ボウボウで荒れ放題でしたけど、電力メーターが動いてまして、裏に回ったらリビングで誰かがテレビ見てましたよ。声掛けたら怪しまれたのか、テレビ消されて、居留守使われちゃったみたいなんで……」

「そんな事が、ある訳がない！」

突然声色を荒らげた施工主に、Oさんは度肝を抜かれた。

「……いや、済まなかった。とにかくあの「家」は、空き家である事は間違いないから。挨拶とか行かなくても大丈夫だから、君は気にしないで現場に取り掛かってくれていいから……」

何かを取り繕うような口調。

とてもそれ以上を聞けるような雰囲気ではない。変な事に首を突っ込んで、施工主とトラブルをしても始まらないと、Oさんは口を噤んだ。

「……これは後から思った事なんですけど、あの「家」から引き上げる帰りに、何気なく、もう一度電力メーター見たんですよ。そしたらメーター停まっていたんです。その時はテレビのスイッチ切ったからだとしか思わなかったんですが、よく考えてみれば、人の暮らしている「家」って、冷蔵庫やらブルーレイのタイマーやら、様々な電化製品の待機電力で、メーターが停まっているなんて有り得ないんですよね。だからあの「家」はRさんの指摘するように「空き家」で正しいんだと思います。じゃあ、それなら、私が声を掛けたのは、一体誰だったのかという事になるんですが、あの地域の住民らの間で、何か表沙汰にしたくない、のっぴきならない事情があったんでしょうねぇ……」

あの「家」と、周辺のご近所らの間にどういう因縁があり、そこでどんな事が起きて、どんな結果となって空き家となったのか、とうとうそれを聞く事が出来ないまま、Oさんの会社が請け負ったリフォーム作業そのものは、無事に完遂出来たそうである。

夜の声

Nさんが小学校三年生の頃、概ね昭和四十年代の話だという。

「ゼロメートル地帯って言うんですか？　東京に震度六の地震が来たら一発で壊滅とか、そういう風に言われていた地域に住んでいたんですよ」

当時、彼の住んでいたその家は、ごちゃごちゃと入り組んだ住宅密集地の路地裏の、更に奥に位置していて、確かに地震による火災が起きたら逃げ道が無くなりそうな奥まった場所の、また更に奥にあった。

三世帯が共同で住まう、安普請の二階建て賃貸物件。彼と家族が住んでいたのは、その建物の一階奥の六畳部屋。古びた台所とトイレは二階の間借り人と共用だった。

ある日の夜。

両親と川の字で寝入っていたNさんは、フッと目が覚めた。

本当に唐突な覚醒だった。いいようのない感覚に左右を見回すと、頭上の豆球に照らされて、静かに寝息を立てる両親の顔が目に入った。時刻を示す柱時計にまでは光が届かず、今が何時なのかはまったく判らない。

辺りはしんと静まり返っている。

ふと、遠くで妙な音が聞こえた。

きひぃぃぃ。

金属の軋る音や、車の急ブレーキ音に似ていたが、違う。

この辺りには、せいぜいオートバイが走れる程度の、入り組んだ路地しかない。車が通れる道は、もっと遠く離れている。

きひぃぃぃ。

また、音が聞こえた。

どこか、気持ちを逆撫でする、妙な響きを持った音だった。

(あの方角は、A木さんちの方か……)

一体、何なのかと布団の中で訝しんでいると、

きひぃいい。いひぃぃぃぃぃぃ……。

連続で聞こえたその音に、彼はぎょっとした。それは、決して機械の音などでは、ない。

何か、生きたものの声だ。

きひぃ、いひぃ。

きひひひひぃぃぃぃい。

(近付いている!)

Nさんは息を殺した。

それは決して、犬や猫の張り上げる声ではない。

勿論、人間のものとも思えない。

何か得体の知れないものが、裏手の入り組んだ私道をゆっくりとこちらに向かってくる、不気味な光景が脳裏を過ぎった。

きひひひぃ。いひひひひぃ。

きひひい、ひひい。

ああ、今、あいつK川さんちの前辺りだ。まっすぐ行ってくれ、曲がるな！

お願いだから、うちの方に来ないで！　そのまま……。

きぃひぃぃぃぃぃぃぃぃぃぃぃぃぃぃぃぃぃぃっっっっっ……。

まるで彼の思考を読みとるかのように、声は方向を変えた。

こっちへ来た！　S藤さんちの前だ！

まるで、家の中で布団に包まる彼の姿を見つけて、狙いすましてくるかのように。

「お父さん！　お母さん……！」

隣に寝る両親に呼び掛けた。返事は無い。

思わず両手で頭を抱え、布団の中で丸くなった。


きひいいぃぃぃぃいいいぃぃぃぃぃぃぃぃぃぃぃっっっ！

A川さんとこだ！　うちの玄関の前だ、すぐそこだ！


ひいいぃぃぃぃいいいぃぃぃぃぃぃぃぃぃぃぃっっっ！

ひいいぃぃぃぃいいいぃぃぃぃぃぃぃぃぃぃぃっっっ！


気の遠くなる時間が過ぎていく。

テレビの特撮物に登場する怪人のような力が無くても、あんな薄っぺらな扉は簡単に壊れてしまうだろう。幼いNさんはどうして良いのかも判らず、ただただ布団の中で、声の主がその場から立ち去ることを祈り続けた。

ふと。

叫び声のトーンが小さくなったような気がした。正体不明の声の主が彼の家の玄関前から離れ始めたのだと思い付くまでには、少々の時間を要した。夜の声の主は、相も変わらず大きな声で叫び続けてはいたが、ゆっくりと遠ざかり始め、やがてそれが聞こえなくなると、Nさんはそのままがっくりと眠りに落ちた。

次の朝、両親は普通に起き出していて、あの不気味な叫び声の件は話題にも上らない。彼は、前の晩の出来事を両親に訴えたが、父も母も気が付かなかったと首を傾げ、何処かの酔っ払いが入り込んで、喚いていただけではないかと一蹴された。

学校から帰ってきた後、母親に寄り添って近所のおばさん達の井戸端会議に聞き耳を立てても、あの不気味な「夜の声」の話題はこれっぽっちも出ない。

「……でもね、その声の来た方向って、今でこそ高層住宅や地下鉄の駅があるんですが、当時はN化学という巨大な工場の廃墟と産廃置き場があるだけで、飲み屋はおろか人家すら無かったんですよ。その先も河川の水門で何も無くて、真夜中にそっちの方から酔っ払いが来るなんて考えられないんです。その廃墟は学校で立ち入り禁止区画に指定されていて、児童らの間で「幽霊が出る」という噂はありましたが……」

あの声は、自分だけにしか聞こえていなかったのかもとNさんは語る。

「……同じ頃だったか忘れてしまったんですが、暫くして同じクラスのK君という子が、当時近所の剣道の道場に通ってまして、他の道場生の子らと稽古帰り、暗がりから現れた『へんなもの』に襲われたとクラスの発表会で披露したんです。飛び掛かられて倒れながらも竹刀で叩いたら逃げていったというんですが、それは何なのかという僕の質問に『犬のようだけど犬ではない、人のようだけど人ではない。わからない。ただ、暗がりで目がぎらぎら光っていたのは覚えている』とだけ。あの頃って、東京といっても真っ暗な場所は沢山あって、街灯もぼんやりした蛍光灯や白熱灯で、あちこちに暗がりが存在してました。だから、そんな謎めいたものが、まだ東京の街にも平然とうろうろしていた時期なんじゃないかって……」

現在、彼が不可解な「夜の声」を聞いたその下町区域は区画整理の為、一度更地に戻され、現在は、緑豊かな公園と鉄筋コンクリート製の高層防災住宅が立ち並ぶ、明るく近代的な街並みへと変貌してしまい、当時の面影はまったく残っていないそうである。

野狗子（前）

〈……于七の乱の後、死はありふれた物となった。主人公の李化竜は山奥に逃れたが官兵と遭遇してしまう。官兵に処刑されるのをおそれ、無数の死体に紛れて死んだふりをした。やがて、獣の頭部と人間の胴体を持つ怪物が死体の上にやってきて、頭をかじり、脳味噌を吸った。李化竜は石を持って化け物の口を割り、化け物は逃げ、路上に大量の血を流した。その血のなかから見つかったのは、長さ四寸ばかりの怪物の歯で、中間はわずかに曲がっており、一方の歯は鋭くとがっていた。持ち帰って人に見せたが、誰も何も知らなかった……〉（『聊齋志異』第一巻 野狗　ウィキペディア「野狗子」の項より）

ここに紹介する異談は、本書の姉妹刊である『身固異談』に於いて「ゲドウ」と呼ばれる憑き物の体験談を提供して頂いた、元自衛隊員のMさんから、同時期に採話されたものである。

但し、既にその時点で前作『身固異談』は、本文の構成が八割方終了していた為、この挿話にページ数を割く余裕が無く、掲載を見送ったという経緯がある。従って、ここで新たな発表の場を得られたことを大変嬉しく思っている次第である。

毎度のことながら、信じる信じないの程は読者の皆様に託すこととして、私は預けられた体験談を、できるだけ緻密に再現することに専念してみた。

しばしのお付き合いを、再びお願い申し上げる次第である。

二〇一一年三月十一日・午後二時四十六分。

宮城県牡鹿半島の東南東百三十キロメートルを震源地とする、エネルギー規模マグニチュード9の、大規模な地震が発生した。

当時の内閣によって、後に「東日本大震災」と命名されたこの巨大地震は、建築物の倒壊・流失・半壊を含めおよそ四十万五千戸、死者・行方不明者二万二千人、避難者約四十七万人、停電八百万世帯、断水百八十万世帯という、日本周辺における観測史上最大級の地震でもあった。

特に震源地となった宮城県と、その両隣である福島県・岩手県の被害は甚大で、この三県だけで、死者は一万五千八百三十二人に上る。

その殆どが想定外とも呼ぶべき、巨大津波の犠牲者であった。

政府はこの大地震発生後の二十八分後に、史上初の「緊急災害対策本部」を設置、この大規模地震を激甚災害に指定し、政令に基づいて、数々の救援・支援活動を開始した。

被災地に対する自衛隊の派遣もその一環である。

東北周辺の自衛隊基地は地震による大きな痛手を受けながらも、震災当日から既に救援活動を展開、三月十四日には、陸海空自衛隊の各部隊から編成される「災統合任務部隊」が編成され、自衛隊創設以来、最大規模の災害派遣が行われた。

本編の主人公であるMさんが当時所属していた、近畿地方の某駐屯地にもファーストフォースとしてこの命が下され、彼の所属する部隊が震災被災地に派遣されることが決定したのである。

彼の中隊が配備されたのは、津波で甚大な被害を受けた、福島県沿岸の、とある小さな港町であった。

だが、被災地入りした部隊は、トラックから降りるなり、筆舌に尽くし難い震災現場の現実を目の当たりにすることとなった。

ここは、本当に町であったのだろうか。

全てのものが、津波に押し流されていた。彼等の眼前に広がっていたのは、鉄筋造りだったため、辛うじて原形を留めた三階建て以上の建造物と、倒壊した家屋や横転した船舶や自動車の瓦礫。建屋をもぎ取られ土台のみが残る地面。積み上がった土砂や堆積物、そして、瓦礫を除けて最小限度に設けられた道路だけである。

まるで巨大な手が町ひとつ捏ね回し、握り潰してしまったようなこの現実に、Mさんはおろか、指揮官の中隊長までが息を呑んだ。

死と絶望の匂いが、この海辺の小さな町を覆い尽くしていたのである。

人命救助のタイムリミットは、およそ七十二時間といわれている。

Mさんらの部隊が現場に到着したのは、地震発生から既に数日が経過していた為、彼らの主な任務は、孤立している被災者らの発見や避難所への誘導、安否不明者の捜索及び津波による犠牲者の遺体収容、そして気の遠くなるような量の瓦礫や土砂などの撤去であった。

半壊や部分倒壊している家々に声を掛け、そこに留まっている被災者らを保護し避難所へと導いて、連絡の取れなくなった家族の名前を聞き出してリストを作成する。凍てつく寒さの中で泥や瓦礫と格闘し、手つかずのままの全壊した建物に生存者が居ないか確認の声を掛けて、人力で退けられる瓦礫や木片などを撤去して、埋もれていた遺体の発見などに務め、任務が終了して野営テントに戻る頃には、さしもの屈強な自衛隊員らが、現場の悲惨な有様に疲労を隠せず、食事を取ると、泥のように眠りに落ちていたそうである。


そんな被災地での活動が、ひと月余りを越えた辺りのこと。

野営駐屯している隊員キャンプの間で、ある不気味な噂が流れるようになった。


震災の被災地となった場所では、生活インフラが壊滅している。

道路網もズタズタで商店なども当然営業などしていない。その為、倒壊を免れた家屋や、一部倒壊だけで済んでいる家屋でも、そこでの生活を維持するのが困難な為、住民らの殆どが、地域の指定避難所への一時退避を余儀なくされている。

しかし、どんな時どんな場所でも不心得者は現れる訳で、こうして留守になった被災者の家に入り込み、家財や金品などを盗みに入る、所謂「火事場泥棒」のような輩が現れる。

だが警察自体が機能停止をしているため、これらの仕事を代弁して無人の町のパトロールを自衛官らが受け持つことになる。

これを「警衛」と呼ぶのであるが、この警衛に出た自衛官らの間で「津波の被害の酷かった地区に〈怪物〉が出る」という噂が立ったのだ。

それは人くらいの大きさの、真っ黒な姿をしていて、不気味な唸り声を上げながら、津波や倒壊した建物の中に潜り込み、その下敷きになって死んだ家畜や動物の血肉を、ばりばりと貪っているのだという。

噂は噂を呼び、中には警衛に出るのを嫌がる隊員も出始めた。

だが、Mさんは、そんな噂を真剣に受け止めていなかった。

彼もこれまでに数回警衛に出てはいたが、そんなものに遭遇することがなかったからである。

（……恐らく熊か野犬等の動物を見間違えたのだろう。大勢の人間が亡くなった場所だから、幽霊や何やらを怖いと思う輩が、警衛に出たくなくてそんな話を生み出してるのだ。仮初めにも我々は災害支援に来ているのだから、そんなものを怖がっているようではなあ……）

だが、その認識が甘かったことを、Mさんは後に、嫌という程思い知ることとなる。

それは、梅雨時期を間近に控えた、五月も終り頃のこと。

彼に再び、この警衛当番が回ってきた。

例の〈怪物〉の噂は駐屯キャンプの隊員達の間でかなり知れ渡ってはいたのだが、先にも述べた通り、Mさんはそんな話は信じていなかったし、何よりも自衛官としての任務を忠実にこなそうとしていた。

警衛は原則的に二人一組のペアを組む。

パトロールを行って、何か不審な出来事に遭遇したら、一人では対応しきれないからだ。不審な人物などを見掛けた時は、必ずパートナーを呼び戻し、複数名で誰何を行い、場合によっては駐屯地から応援要請を行う手筈である。

Mさんは、マグライトと呼ばれる警棒を兼ねた頑丈な造りの懐中電灯と無線機を携帯し、その日のパートナーとなった隊員と、野営キャンプから出て、真っ暗な被災現場の巡回を開始した。

キャンプを出ると、そこはすぐに電気や水道の通わない、重たい闇だけが張り詰めた、かつての町だった場所である。〈怪物〉の噂を信じていないとはいえ、ここで大勢の方々が亡くなった事実を思うと、流石のMさんも心中穏やかではなかった。

嘘か真かは別として、被災者やボランティア、派遣された隊員らの間では「日が暮れると、暗がりから大勢の助けを求める声や足音がする」「車で避難生活を続けている被災者が、夜中に誰かに覗き込まれた」「海岸から救助を求める人影を見つけて近付くと、煙のように消えてしまった」など、それらしい怪談の噂が流れていた。

それでも気を持ち直して、パートナーと一緒にマグライトの光を照らし、瓦礫の積み上げられた海岸沿いの地区の見回りをひと通り終えると、次は津波の被害から免れてはいるが、住民らが避難している為、現在はもぬけの殻となっている住宅地区へと足を運んだ。

勿論、被害を免れているとはいえ、激しい揺れの為に半壊や一部損壊で崩れている家屋も多く、インフラは通じていないので街灯なども点いていない。従って、こちらも辺り一面、真っ暗である。Mさんはパートナーの隊員と示し合わせ、二手に分かれて互いに居住地域を半周しながら見回りを行うことにした。片手を上げて合図を交わし、それぞれの持ち場の巡回を始める。

静けさの中で、マグライトの光が、真っ暗な住区を照らし出す。

全壊や半壊して傾いた家屋が光輪の中に次々と浮かび上がる。津波の被害が及ばなかった場所でさえこの有様なのだ。今回の地震が、いかに激しいものであったのかを改めて思い知らされる。

震災発生から既に一か月半。被災現場の復興という境地にはまだ程遠い段階であるが、この地区での負傷者の収容や遺体回収は概ね完了している。そういう意味で、警衛の最中に新たな何かを発見してしまうという可能性は恐ろしく低い。そんな意味での安堵感はあった。

闇の中で足元の瓦礫に気を付けながら、マグライトの灯を翳し、一軒一軒の家屋を丹念に見回っていたMさんは、ふと、いつもとは違う気配を感じ取った。

うううぅ〜。

うるるるるうううううぅ〜。

どこからか、低いサイレンが唸るような音が聞こえてくる。

（あの音は何だろう？）

先にも述べたように、この地区は既に避難地域に指定されていて、住民は誰も残っていない。但し、この日は少々風が強かった。ひょっとしたら防砂林や崩れた家屋の合間を風が吹き抜けて、そのような音を立てているだけなのかもしれない。

ゆるううううぅぅぅ～。

うぉううううううぅぅぅぅ～。

うるううううぅぅぅぅぅぅ～。

だがそれは、妙に人の心を不安にさせる、耳障りな音だった。

いつもと違う状況が気になったMさんは、無線機を手に取ると、居住区の反対側を見回っている隊員に連絡を入れ、気になる箇所があるので状況を確認する為、約束した場所での合流が遅れる旨を報告した。

分厚いブーツの底から、じゃりじゃりと砕けた瓦礫の感触が伝わってくる。重たく立ち込める闇の中では、強力な投光力があるマグライトすら、目の前の風景全部を照らし切れない。

ゆ〜るるるるるるるるぅぅぅぅぅ〜。

る〜るるおぅぅぅぅぅ〜。

ひゅ〜るるるるぅぅぅぅ〜。

不気味なサイレンの唸りは、すぐ先の倒壊した家屋の方から聞こえてくるようだった。風の音とは違う。どうやら何かの生き物の唸るような声だ。

Mさんの胸には去来するものがあった。

それは、ここひと月余りの遺体捜索の甲斐があり、この一帯での震災犠牲者の遺体回収はほぼ完了していた。しかし、津波や倒壊した建物で圧死したと思われるペットや家畜の遺骸などの回収は後回しとされ、それらの多くはまだ瓦礫の下に数多く埋もれたままである。苦悶の表情を浮かべながら息絶えているそれらの死骸を横目で見ながら、Mさんは(申し訳ない、まだ回収してやれないんだ）と心の中で手を合わせていた。そのペットや家畜らの死骸を、野犬や猪のような動物が漁りに来ているのではないかと直感したのだ。

自身が回収してやれなかった彼らが、無残に食い散らかされた欠片と化す状況が、何故か許し難かった。もしもそうなら、せめてそれらを追っ払ってやろうと考えたのである。

唸り声の聞こえる家屋に近付くにつれ、何かの気配と瓦礫の崩れる音、そしてばりばりと地面に横たわるものを咀嚼している様子が窺えた。やはり何らかの生き物が死骸を漁っているのだ。

手にしたマグライトの白光が、そいつを照らし出す。

そこで、Mさんは異様なものを見た。

光に照らされたものは、やはり倒壊した建物に圧し潰された、犬の死骸であった。

だが、それに喰らい付いている何者かがいた。

四つん這いのその出で立ちは、大きさ一メートルを超えている。

脂ぎって粘ついた体毛に全身を覆われたシルエットは、犬のようではあるが犬ではない。また狐にも似てはいるが、狐でもない。

勿論熊や猪の類でもないのは明白だ。幼い頃、広島の山間部で過ごした彼の目からしても、全く見たことのない生き物である。

そんな不気味なものが、低い唸り声を上げながら、死骸をぼりぼりと美味そうに貪り喰っているのだ。

虚を突かれて一瞬怯んだMさんだったが、気味の悪い野生動物の糧とされた飼い犬が哀れに思われ、手近に転がっていた握りこぶし大の石を握ると、異形目掛けて思い切り投げ付けた。

ごつ、と鈍い音が響き、石は異形の右顔面に命中、不意を突かれた生き物は、びくんと黒い身体を震わせ、振り向いた。

ぎしゃあああぁぁぁぁ……！

屍肉を貪っていたその口が、裂けんばかりに大きく開かれ、化け物は凄まじい怨嗟の唸り声を発した。

その声は、彼に対してのはっきりした敵意を滲ませている。

はっとしたMさんは、二個目の石を握ると、再び異形目掛けて投げ付けた。

だが二投目は、力が入り過ぎて大きく外れてしまい、黒い化け物は凄まじい目付きで彼を睨むと姿を翻（ひるがえ）し、深い闇の中へと消えてしまった。

（何なんだ、あれは……）

異様な空気感から我に返ったMさんは、生き物の居たところに足を運ぶと、そこには喰い荒らされて残骸となった犬の死体があった。

（ひょっとして、あれが、隊員らの間で噂になっていた〈怪物〉なのか……？）

とはいえ、この死骸を喰らっていたものは、幽霊亡霊の類ではない。

悍ましい姿こそしてはいたものの、実体を伴った何らかの生き物だ。こうして屍肉を貪っているし、彼の投げた石も命中して、相手はダメージの反応を見せた。

それは恐らくMさんの知らない何らかの野生動物、或いはその亜種なのかもしれない。

彼は自身にそう納得させて、喰い荒らされた犬の死体に屈み込んで合掌をすると、そのまま相方の隊員が待ち受ける合流点へと向かった。

それから数日後。

この日、Mさんは休暇日であった。

災害救助の派遣に出向いているのに休暇とは何事などという方が出そうではあるが、いかに訓練で鍛え抜かれた自衛隊員と言えど、やはり人間である。過酷な現場で過重労働を行っていれば疲労とストレスは溜まるし体力も消耗する。その為の休息日はシフトがきちんと組まれていた。

とは言え、息抜きにどこかへ遊びに出掛けられるという状況でもない。

やることといえば、個人装備の点検と手入れ、そして普段足りていない分の睡眠と休養である。

朝のうちに装備の点検・手入れを済ませたMさんは食事を済ますと、ひと眠りしようと、誰も居ない営舎（大型のテント）内に備えられた自分のベッドに、ごろりと横たわった。

すると、顔の辺りに風が当たる。

胸騒ぎのするような、冷たい風だ。

テントの扉部分が開いているのかと、身体を起こして視線をやれば、決してそんなことはない。妙だなと首を傾げていると、足元にふさっとした何かが触れた。動物の体毛の感触だった。慌てて周囲を見渡すが、何がいるわけでもない。気を取り直してベッドに仰向けに横たわる。

視線の先に、そいつが居た。

そいつは物理法則を無視して、営舎テントの天井に逆さまに立っていた。

体幹に沿ってべったりと貼り付いた、脂ぎった真っ黒な体毛。

四つ足。犬とも狐ともつかない、不可解な外観。

あの真っ暗な避難区域の瓦礫の合間で、犬の死骸を貪っていた奇怪な生き物が、重力を無視した形で、テントの天井に貼り付いて立っているのである。

これは一体、何が起こっているのか。予期せぬ出来事に、脳内の情報処理が追い付かない。仰向けのまま、Mさんは天井に貼り付いた異形の姿をただただ凝視するしか術を持たなかった。

すると。

黒い怪物は顔を上げ、憎悪に燃えた視線で彼を睨み付け、幻のように、フッと消えてしまった。呪縛から解かれたMさんはベッドから身を起こして上を見上げる。だが、張り巡らされた分厚い防水布のテント生地の天井には、あの怪物が居たという痕跡は、何も残されていなかった。

（ＰＴＳＤ？）

右手で顔を押さえながら、Mさんは戸惑った。

ＰＴＳＤ（心的外傷後ストレス障害）とは、大地震や洪水のような天災や、事故、戦争や事件などによる非常に過酷な体験が原因で起こる、深刻な心理的後遺症のことを指す。

心の病などというと、有事や非常時に備えて毎日訓練を行っている筈の自衛隊員がそんなひ弱な、と思われる方が居るかもしれない。

しかし、戦争体験を含む過酷な環境や体験は、「人間」である以上、どんなに訓練を施しても、それは確実に心を蝕んでいくものである。悪夢や不眠、幻覚や幻聴、そして記憶の「フラッシュバック」、自らが戦場や戦地で行った行為への無力感や罪悪感。それらが高じてアルコール中毒や薬物中毒、自殺願望、家族関係や異性関係の破綻、仕事が長続きせず社会復帰が困難になるという様々な症状を引き起こす。

アメリカではベトナム帰りの大勢の若者がこのＰＴＳＤを発症して、社会問題にまで発展している。

こうした症状は、災害派遣や事故救援に赴いた自衛隊員にも出ることがある。

事実、東日本大震災で被災地支援に三か月以上派遣された自衛隊員や派遣終了後の超過勤務が三か月を越えると、このＰＴＳＤの発症リスクが六、七割高まるという防衛医大チームの研究データーも存在する。

確かに、今回の災害救助に於いても、現場の惨状に神経を病んでしまい、中途離脱をした隊員も既に何名かいた。ただ衛生部門に所属していたＭさんは、常に自身の心理状態を観察、コントロールしてきたつもりであって。そういう兆候が現れているという自覚はまるでなかった。

しかし、たった今見た、幻覚のようなもの。

もしかして自分も知らぬ間に、この現場の悲惨な状況に精神を蝕まれつつあるのではないか。遺骸を収容してやれなかったペットや家畜たちに対する無意識の自責の念が、屍を漁るあの奇怪な動物の借りて現れ出たのではないか。

当時のMさんが、こう考えたのは無理もない。

極めて理性的で良識的な自己分析である。だがそれは同時に、常識という名のブレーキが掛かった、甘い認識であるということを、Mさんは後に思い知る。

こうした精神疾患は放っておくと、悪化の一途を辿ると危惧したMさんは、直属の上官に、警衛の際に遭遇した「屍を漁る獣」と、そのトラウマから生じたと思われる「幻」の話の一部始終を打ち明けた。

Mさんの上官は、柔軟な思想の持ち主で、彼の話を聞き届けると納得したように頷いて「禍根は芽の内に摘むに限るからな」と、すぐさま休暇の手続きを取ってくれた。彼としても、衛生部門の有能な隊員であるMさんを、こんなことで潰してしまいたくはなかったのだろう。

こうしてMさんは被災現場から一時離脱することとなった。部隊の物資補給にやってくる連絡便のトラックに乗り込み、いったん所属駐屯地まで戻ると、宿舎内の部屋で荷物を纏め、そこから自分の車で実家へと向かった。

駐屯地から実家までは高速道路を使えば二時間弱の距離である。

しかし高速代を浮かそうと考えたMさんは、あえて下道を選択して車を走らせた。

ところが時刻が夕暮れに差し掛かり、辺りが暗くなってきた頃、周辺に不可解なことが起き始めた。地方都市の外れに位置する彼の実家周辺は道路の灯りもまばらで周囲は真っ暗である。ハンドルを握っていたMさんは、その辺りから周囲に奇妙な気配を感じるようになった。闇の中から、何かがじっとこちらを見ている。

先程から何も映り込まない筈のルームミラーやサイドミラーにちらっ、ちらっと姿が横切る。どうにも不穏だ。一体何だというのか。

その時、目の前の信号が赤になり、Mさんは車を停止させた。

後ろを確認しようと、ルームミラーを覗き込む。

あの黒い獣がいた。

牙の並んだ口を大きく開き、憎しみの視線を、運転席の彼に向けながら。

ハッとして、後ろを振り向く。勿論そこには何もいない。

(何だこれは……)

Mさんは思っていた以上に、自分の精神状態が擦り減っていたのではと、動揺を隠し切れなかった。

信号が青に変わる。

Mさんはハンドルを握り直すと、アクセルを慎重に踏み込んで車を発進させた。

嫌な予感に駆られ安全運転を心掛けたせいで実家に着いたのは午後九時を回ってしまったが、その間、Mさんはずっと何者かの視線と気配とに苛まれ続けた。

「あっちでは大変だったようだな。まあ暫くはのんびりしていけ」

実家の両親は、福島の被災現場での彼の労苦をねぎらい、快く迎えてくれた。

温かい夕餉に舌鼓を打ち、久々に父親と酒を酌み交わすと、あの黒い獣のことは脳裏から消えていた。

ところが。

翌日、息子の突然の帰省に備えて、彼の車を借りて買い出しに出掛けた母親が奇妙なことを言い出したのである。

「お前、女の人を車に乗せて、一緒にどっかに出掛けたりしてる？」

「いいや。何で？」

その頃Mさんには交際している女性など居なかったので、妙な質問をするなと首を傾げると、

「いやね、今朝お前の車を借りて買い物に行ったら、後ろの座席に真っ黒な長い髪の毛が、やたら沢山落ちててね。でも、掃除してやろうと思ってさっきコロコロ（ゴミとりローラー）持っていったら、どういう訳か、もう影も形も無くなっていたんだけど」

全身からすっと血の気が引いた。

長い黒髪と耳にして蘇った記憶は、あの福島の被災現場で屍肉を漁っていた、あの不気味な獣の、脂ぎった長い体毛だ。

（まさか、そんな……）

嫌な予感は的中した。

実家で飼っている、Mさんによくなついていた筈の犬が、彼の姿を見ると狂ったように

吠え捲り、犬小屋の奥へと隠れてしまう。

それだけではない。家の中に見えないものがうろつく気配がする。彼が居間や自室でくつろいでいると、視線らしいものを感じる。捕食動物が獲物の隙を窺うかのような、悪意を感じさせる嫌な視線だ。そして、そちらに目を向けると、閉じていた筈の障子や襖がほっそり開いているのである。

誰かが、こちらを覗いていたかのように。

（違う。これはＰＴＳＤなんかじゃない。もちろん、気のせいでもない……）

ここに来て、漸くＭさんも自身の認識の誤りに気付き始めていた。

（まさか、あの獣……）

幼い頃、広島の山あいの小学校で「持ち筋」の同級生から憑けられた「呪物」の記憶が鮮明に蘇った。そして今現在、自分の身辺で起こっている様々な異変も、同種の「超自然的な存在」の仕業ではないかと。


彼は電話で、広島の山間部に住む祖父に連絡を入れた。

「祖父ちゃん、Ｓさんに相談したいことがあるんだ。明日そっちに行ってもいいか？」

Ｓさんとは、かつての級友から「ゲドウ（『現代雨月物語 身固異談』収録「ゲドウ」の項を参照)」という憑き物を憑けられた時、木野山神社から借り受けた「狼札」で憑き物落としを行った、山岳修験の経験者である。

翌日、Mさんは車で祖父の家を訪れた。

恐らく祖父が気を回してくれたのであろう。居間には既に、彼が今、最も助言を仰ぎたいと思っていたS老人の姿があった。

「実は……」

Mさんは祖父とSさんに、福島の被災現場で遭遇した「屍体を漁る黒い獣」と、現在の自分の身の回りに起きている数々の異変を打ち明けた。

一部始終を聞き終えた二人は、苦虫を噛み潰したような表情を浮かべた。

「そりゃ、メシの邪魔をされりゃ、誰だって怒るだろうな……」

ぼそりと祖父が呟いた。

S老人が顔を顰めながら、身を乗り出してMさんに向き直る。

「××(Mさんの名前)よ、その話には心当たりがある。お前、ずいぶん厄介なもんに関わっちまったもんだな」

S老人は、厳しい表情を作り、

「昔、修験仲間から聞いた話だが、まだ土葬が当たり前の時代に、新仏の墓を穿り返して屍体を喰っちまう化け物が居たそうだ。お前が出くわしたのは、その辺りの手合いじゃないかと思う」

Mさんは思わず言葉を失った。

「判っとるよ。そんなものが本当に居るのなら、なぜその場所で、これまで誰にも目撃されなかったのかと言いたいんだろ？　封印されていたんだよ。多分、あの震災の大津波で、そいつが封印されていたどこかの祠か神社が流されちまったんだ。どの位かは知らねぇが、久しぶりに目覚めて娑婆に出てみれば、周りは屍肉の御馳走だらけ。有頂天になってメシを喰らっていたところを、お前に石をガツン、とやられたってこった」

血の気の失せた彼に、S老人はこう助言した。

「木野山様にお願いしてみるんだな」

「木野山様」とは、先に紹介した「ゲドウ」にも登場した、岡山県高梁市にある木野山神社のことである。

祭神は素戔嗚命と大山祇神。配神として高龗神と闇龗神（龍神）を祀る。

関東では龍神の姿で現されることが多い高龗神・闇龗神だが、この木野山神社に関しては何故か狼の姿をしていると言われ、邪悪な存在に対して高い神徳を現し「狼の木野山様」として古来親しまれている。岡山から広島にかけて広く信仰されていて、この木野山神社を本宮として、周辺にはかつて二千に及ぶ木野山神社の分社が存在したとも言われる。S老人はこの社から借り受けてきた「狼札」の威光を用いてMさんの体内に侵入した憑き物「ゲドウ」を祓ったことがある。

Mさんは S老人の言葉に従って車を走らせ、岡山県にある木野山神社の本宮に昇殿して「厄払い」の祈祷を行って貰った。

すると、あの黒い怪物は「木野山の狼」の威光に恐れを為したのか、あの付き纏う視線も気配もまったく感じなくなり、Mさんの周辺に起こっていた変事は終息を告げたのである。

実家で暫く休養した後、Mさんは部隊に復帰することができた。

だが自宅から駐屯地に戻る際に、S老人は彼にこんな言葉を掛けたそうである。

「××、油断すんなよ。手負いの獣が一番怖いんだからな」

だが、それからもMさんの周囲に変事が起きることはなく、彼は無事に自衛官としての任期を務めあげることができたそうである。

そして事件から数年後。

自衛隊の任期を全うしたMさんは、そこでの経験と技術を生かして医療関係の仕事を志して、東京のとある医科大学へと入学した。

自衛隊の衛生医療部隊に所属していたMさんからすれば、医科大学での授業などかつて従事していた任務のお浚いのようなものだ。だが、医療資格を修得するには医大を卒業する必要がある。医師や看護師の卵である若い学生達に混じって、Mさんは講義や実習に黙々と精を出していた。

その日の授業は「解剖実習」と呼ばれるものの初日だった。

医学部低学年で行われる最も重要な実習で、五、六名の学生らでグループを組み、「献体」と呼ばれる解剖用の遺体を使用して、二か月から六か月に及ぶ時間を掛けて解剖し、人体のその仕組みと構造を五感で覚える貴重な授業である。初めて人間の献体にメスを入れようとする学生の中には緊張の色を隠せない者もいた。

解剖服にゴム手袋、ヘアキャップにマスクで身を固め、学友達と共に、地下一階にある解剖実習室へと足を運ぶ。

その時、何やら嫌な感触がMさんの胸中を突き抜けた。

あの部屋に行ってはいけない。行きたくないという予感めいた感触だ。自分自身に戸惑いを覚えた。今回初めて人間の遺体を目にする学生じゃあるまいしと。無理矢理階段を下っていると、次第に気分まで悪くなってきた。

自分はどうしてしまったんだと、必死に動揺を抑え込む。

やがて引率の教諭が実習室のドアを開くと、つんと鼻を突くホルマリンの臭い。

摂氏十五℃に保たれた室温。

そして、無機質に並ぶ解剖用ベッドの上に横たわった、十数体の献体。

学生達の間に緊張が走る。

担当教諭が解剖手順の説明を開始したその時、ふとした気配を感じて、Mさんは視線をそちらに向けた。

そして、そこに思いもしないものが、Mさんを待ち受けていた。

四つ足。犬とも狐とも付かない独特の形状。

べっとりと脂ぎった真っ黒な体毛。

あの屍体を漁る不気味な獣が、薄暗い解剖実習室の奥のベッドの陰から、怒りに燃える眼差しで、彼を睨み付けていたのである。

「貴様か」とでも言わんばかりに。

狐会議

異談シリーズでもレギュラー化している塾講師のI君は、ある有名な神社の神官の血筋の人間である。その為視るものが幽霊あやかし神仏と節操がない。

本書でもその体験の幾つかを紹介してみよう。

その晩、I君はいつものようにベッドの上で横になっていた。

どうにも寝付きの悪い夜で、身体は疲れているのに、頭の中だけが冴え冴えとして、なかなか眠りに入ることができない。

何度かごろごろと寝返りを打っていると、そのうち妙な感覚に捉われた。

寝ている筈の、自分の視界がずれているのだ。周囲の風景が少しずつ下へと下がっているのである。

えっと思った刹那、するりという感覚と共に、I君の身体は宙に浮いた。慌てた彼が下を見ると、眼下にベッドがあり、そこには自分の寝ている姿がある。

（幽体離脱だ……！）

慌てたI君は自分の身体へ戻ろうとしたが、どういう訳か肉体から抜け出た彼の幽体は仰向けの姿勢のまま、まったく動かない。

幽体離脱の金縛りという奇妙な状態のまま、身体はどんどん上へと上昇していく。

天井板が、みるみる目の前に迫ってきた。

危ない、ぶつかる、と思った刹那、彼の身体は天井をするりと突き抜け、夜空の上に漂っていた。

唯一、自由の利く目玉（？）だけを動かして、周囲を見渡す。

夜闇に浮かぶ、街の灯りが美しい。

こんな状況でなければ、いつまでも眺めていたい眺めではあったが、今はそれどころではない。その内に夜空に浮いている彼の幽体が、ふわふわと移動を始めた。

（おいおい……）

まるで気流に流される風船のように、彼は自由の利かぬまま、夜の空をふわふわと彷徨ったが、自宅からかなり離れた知らない街の上空で、急に高度が落ち始めた
そのまますとん、と吸い込まれるように着地した場所は、四方をぐるりと塀に囲まれた、

瓦葺きの大きな屋敷の門の前だった。流石に深夜なので灯りは落ちていたが、何故だか門の端にある勝手口が開いている。まるでそこへ入って来いと言わんばかりだが、これは不法侵入だ、いや待てよ、今、自分は幽体離脱中だから見つかったって大丈夫じゃないか、などと状況に似合わぬ思考が巡り合って、I君は開いた勝手口からその屋敷へと入ってみた。

玉砂利の上に敷き詰めた大理石の石畳、そして、その先に高級感満点の玄関が覗いているのだが、彼の興味を惹いたのは、庭の中程に鎮座している、朱色の鳥居を構えた、お稲荷様の社、所謂、屋敷稲荷というヤツだ。

豪奢なスケールの御屋敷に比例した、立派な造りの社である。

その前に立つと同時に、ぐるりと視界が暗転した。

ふと気が付くとI君は、板張りの長椅子の上に座っていた。

ザワザワという周囲のざわめきに周囲を見渡すと、そこはちょうど、大人数が使用するサウナのように、雛壇状の長椅子が放射状に連なった、板張りの広い部屋で、彼はその最前列の位置に腰掛けていた

照明の類は見当たらなく、壁や天井等は暗い闇の中に溶け込んでいるが、ぼんやりとし

た光が辺りを照らしている。三段になった雛壇型の長椅子の上は、胡坐を掻いたり、立て膝をついたりした大勢の男女の姿でほぼ満席なのだが、唯一、彼等のその顔だけは全て陰翳と化していて、目を凝らしても面相を判別することができない。

一体ここはどこなんだろうと、混乱した頭で考えていると、半円形の卓が置かれた壇上の羽織袴姿の恰幅のいい男性が「静粛に」と重々しい声を張り上げた。室内のざわめきが、しんと一気に静まる。

「みんな、よく集まってくれた。今晩、ここに来て貰ったのは他でもない。最近我々に対する人間の態度がいかんせん目に余るという報告を仲間から多く耳にするようになった。そこでこの件に対して、これからどうしていくのかを話し合おうと思って集まって貰った。意見のある者は忌憚なく述べて欲しい」

羽織袴の進行役がそう述べると、左手の中段辺りに座っていた若旦那風の男から声が上がった。

「最近、道を歩いておったら、三人組の女が道幅も考えず広がって、だらだらと歩いておったから、わざとぶつかってやった。別の時は老婆と孫がきちんと踏まえて歩いておったが、今度は連れていた犬が失敬で、何もせんのにぐわんぐわん吠えよる。最近は奴ら畜生風情も人間並みに畏れを知らん。全くけしからん」

するとと雛壇に座っていた、派手な着物の女が腹立たしげに、

「私なんかこの間、犬をけしかけられたわよ」

「俺もだ。普通に歩いていただけで、敷地にも入っておらんのに勝手に吠えおって。最近の犬は人間並みにダメだ」

「儂の所も、犬畜生が儂らを怖がることも無くなったのか、祠に小便を掛けおった。連れてきた人間も実にけしからん」

「人間があちこちに立てている柱（電信柱？）、あれは何だ？　邪魔臭くて叶わん」

段上のあちこちから、そんな声が飛び交った。

まるで騒がしい居酒屋のど真ん中に居るような空気である。

（俺、何でこんな所に居るんだ？）

Ｉ君は首を竦めながらそんなことを考えた。

すると進行役の羽織袴が、全員を諫めるかのように、

「皆の言うことはよく判る。だから今日は別の意見も聞こうと思い「これ」に来て貰った。今の話を聞いてどう思ったか、伺おうではないか」

と声を上げて、最前列のＩ君のことを指差したのである。

ここでそう来るかと思うと同時に、彼は確信した。

今、このホールのような場所の雛壇にぎっしりと詰めているのは、人の姿をしてはいるが、人ではないのだ。この場所への入口となったお稲荷さんの祠から察するに、彼等は恐らく変化した「狐」なのだろうと。

「経緯は聞いての通りだ。さあ前に出て、意見を述べてみてくれ」

瞬間、部屋全体がしんと静まり返った。

狐達の真っ黒な視線が彼一人に集中する。袴姿に促されて前に立ったI君は、その場の空気に圧倒されて、思わずとんでもないことを口にしてしまった。

「あ、あの、皆さんの会議の趣旨についてはよく判らないんですけど、ここで、こんな話し合いをしているのを僕に聞かれちゃうのは、まずいと思うんですが……」

そう口にした刹那、会場の空気がざわりと変わった。

狐達のざわつきが、剣呑なものになったのである。

ぎょっとして、進行役の羽織袴を振り返ると、こちらもまた殺気を漲らせてI君を凝視している。狐たちのざわめきは怒号が混じり始め、身の危険を感じたI君は部屋の出口も知らない筈なのに、室内の暗がり目指して一気に駆け出した。

ふと我に返ると、彼はまた、あの稲荷の祠の前に立っていた。

今の「狐会議」はこの祠の中で行われていたのかと思っていると、そこから、大勢の人間が爆笑するかのような笑い声が響き渡った。

慌てた彼が逃げようと走り出すと、その姿はふわりと宙に舞い上がり、夜闇の空を巻き戻されるかの如く背景が流れて、気が付けば自宅のベッドの上に舞い戻っていた。

暫くの間、I君はこの「狐会議」の出来事を、ストーリー性豊かな明晰夢だと自身の頭の中で片付けていたそうである。

余りにも内容が荒唐無稽だったからだ。

ところがそれから暫くして、彼は、所用で初めて出向いたある街の風景に妙な既視感を覚えた。それは「狐会議」の行われた街の風景だった。

驚いたI君が、記憶を頼りに歩いてみると、あの大きな門を持つ屋敷が存在したのである。流石に門扉は開いていなかったので、狐たちの集まっていた稲荷の祠があるのかまでは確認できなかったそうなのだが、場所が実在していた以上、あの夜の出来事はやはり事実だったのだと納得した。

因みに「狐会議」で、彼等の話し合いがあの後どういう展開を迎え、どういう結論に達し、人間に対して、どのような取り決めを行うことになったのかということだけは、未だ判らないままだそうである。

モザイク

こちらもI君の体験談である。

ある休日の午後のこと。

彼が自宅の居間でウトウトしていると。突然金縛りに襲われた。

前屈みの、やや無理な姿勢のまま悪戦苦闘をしていると、突然、ピンポーンとインターフォンが鳴ったと同時に、金縛りが解けた。

ピンポーン、チャイムが再び鳴り響く。

はいはいはい、と小さく呟きながら玄関に向かうと、玄関の摺りガラスの向こうに、モザイクのような母親らしき影がある。

ガタガタとサッシを揺らしながら、必死な口調でこう叫んでいる。

「お父さんが大変なことになったの、お父さんが！」

突然のことに、I君は驚いた。

「えっ、親父がどうかしたの！」

I君も狼狽して声を荒らげた。

「ここ開けて早く入れて！　お父さんが大変なの……！」

動転しているのか、モザイク姿の母親はガラス戸を叩いて喚くばかりである。

「まさか、交通事故!?」

慌てた彼が靴を突っ掛けて、戸を開こうとした刹那。

（え？）

視野の隅に、居間の畳の上に寝こけている父親の姿が映った。

（そうだ俺、昼飯食った後、親父とここで昼寝してたんだっけ……）

そう言えば母親は合い鍵を持っているし、そもそも玄関の引き戸に鍵など掛かっていないのだ。

すると、この摺りガラスの外で騒いでいるのは、一体誰なのか？

そう考えている間にも、女性らしきモザイク姿は、相も変わらずガラスを叩きながら「お父さんが大変」を連呼している。

「よく起こるいつものヤツ」と思い直したI君は、ひと呼吸すると、突っ掛けた靴を脱いで「お父さんが大変」を連呼するモザイクを無視し、居間に戻って、急須にお湯を注ぎ、お茶を飲み始めた。

やがて暫くすると、玄関戸がからりと開いて「ただいま」と買い物に出ていた母親が帰ってきた。

「玄関に何かなかった？」

さり気なく問い掛けると、母親は「何にもないけど、どうかした？」と首を傾げる。いやなんでもないと打ち消して、I君はやはり「いつものへんてこな出来事のひとコマ」と自身に言い聞かせ、出来事を記憶の隅に追い遣った。

急展開を迎えたのは二週間後。

その日の朝、居間で母親とテレビを見ていると、「ええっ！」と母親が突然声を上げた。

画面には地方ニュースが流れていて、ある人物の死亡に纏わるものだったが、それは母親の友人である、Y谷さんという方の御主人だったのである。

「あっ！」

I君も仰天した。

たからである。

Y谷さんの御主人が変死した日は、三月二十五日。あの「玄関モザイク」が現れた日だっ

(えっ、じゃ、あれY谷さんだったの?)

彼の動揺を他所に、母親は携帯からY谷さんに連絡を入れたが、電話もメールも繋がらない。

「……あのさ、Y谷さんの御主人って、元気そうだったよね?」

難しい顔をしている母親にI君が声を掛けた。

何故ならY谷さん夫婦は御主人が変死したという日の二日前に彼の家を訪れ、旅行土産だと菓子折りを置いていったばかりだったからである。

「きっと、いま取り込んでいるのよ。その内に連絡が来ると思うから」

繋がらない携帯を見ながら、母親は心配そうな顔で呟いた。

それから数日後、I君の母親は、葬儀の場で漸くY谷さんに会えた。

御免なさいねを連呼しながら、その時Y谷さんから耳にした話によると、御主人の亡くなり方というのが、まさに変死そのものだったという。

友人二人と街に遊びに出掛けて、彼等がフッと目を離した、ほんの二分弱。

その間に、Y谷さんの御主人は目を剥いてアスファルトの上に横たわっていたそうなのである。死因に不審な点が多かったので、警察が動き司法解剖が行われたが、怪しげな点は何も出ず、結局「突然死」と判断が下されたそうなのである。

ここから話は、奇妙なベクトルを描き出す。

やがて初七日が終わった辺りで、色々大変だろうとY谷さんの身の上を心配したI君の母親がメールや電話を何度も入れるが、全く繋がらない。まだ心の整理ができていないのだろうと、少し日にちを置いてから、Y谷さん宅を訪れると、何とそこはもぬけの殻と化していた。

近所の人の話では、葬式が終わって十日程で、Y谷さんは、そそくさとどこかに引っ越していったそうなのである。

I君の母親は呆気にとられたが、ややあってY谷さんと関係のあった知人らが集まった時に、意外な事実が判明した。

実はこのY谷さん、知人らにはI君の母親に馬鹿にされた態度を取られ続けていたと散々こぼしていたそうなのである。そしてI君の母親には「誰々さんと誰々さんが私に嫌がらせを……」と同じ愚痴を聞かされていた。

つまりY谷さんは「その場にいない第三者の知人を貶める（おとしめる）ことによって」相手に自分を良く印象付けしようとしていた、性格の良くない人物であったのだ。

「こちらは友人と思って接していたけど、Y谷さんの方は違ったみたいね」

集まりから戻った母親は、憮然とした表情でそう語ったという。

この「オオカミ少年」のような性格のY谷さんは、それまで誰彼構わず知人の悪口を吹聴していたが、御主人の急死という場に直面して誰かを頼ろうにも、知人が一堂に集まると、これまでの言動や所業が明るみに出てしまう為に、縋りたくても縋れないという状況に陥り、その葛藤が生霊となってI君に目撃されていたのではないかと筆者は推測している。

そして、その嘘が周囲にばれた後の、冷たい視線に耐えられないと悟って、行方をくらましてしまったではないかと考えている。

この話をI君から聞いた時、姉妹書の『方違異談』に掲載した「無明」というエピソードを思い出した。生前、嘘を吐き続けた男が、死後、その嘘の為に心が曇って盲目となり、あの世へ行く道が見えなくなって、現世を彷徨い歩く話である。

昔から言われていることだが、自らの所業はやかて、予想もしなかった角度から自らに跳ね返って、その身を滅ぼしてしまうものなのかもしれない。

ここから先は、筆者も気を引き締めて「生きていきたい」と感じた次第である。

戦隊ヒーロー

前述の逸話に登場するI君とは、居住している地域の関係で、メールのやり取りこそ頻繁ではあるが、実際に会って話をする機会は年に二、三度なので、フィールドワーク終了後のミーティングでは、異談妖談怪異談の類で話が白熱し、数時間話し込むのはしょっちゅうのことである。

ある時のこと。

ふとした話の流れから「今まで視たものの中で、一番不可解だったものは何?」という質問を彼に投げ掛けてみた。んー、と彼は眉を寄せて思案し始める。

さて、何という答えが飛び出してくるか。

数十話に及ぶ異談心霊談の提供を行ってくれているI君からどんな回答が出てくるのか、些か(いささか)不謹慎だが、思わずワクワクしてしまった。それは果たして、伝承上の魔物か妖怪なのか、それとも古代文献に登場する、忘れられた神々の姿なのか。

「……んーっと、〈戦隊ヒーロー〉ですかねぇ？」

「はぁ？」


それは、彼が中学校二年生の時の出来事だという。

学校の授業を終えて帰宅したI君は、一階に居た母親に「ただいま」と声を掛けると、いつものように二階へと繋がる階段を上り、ごく普通に自室のドアを開いた。

すると、そいつが居た。


「……何て言うのかは知りませんけど、ヘルメットにゴーグル、テカテカのコスチュームにグローブ、ブーツで決めた、五人もの戦隊シリーズのキャラまんまが、部屋のど真ん中にキメポーズで立ってましして。あ、色はレッドでしたよ」

だが、テレビの画面から抜け出してきたような正義キャラである戦隊ヒーロー〈レッド〉は、その外観とは裏腹に、非常に禍々しい特徴を備えていた。

全身から放たれているオーラが、真っ黒なのである。

その黒いオーラと空間が交わる場所はぐにゃりと風景が歪んでいて、外観とは裏腹の「悪役キャラ」そのものの特徴を備えていた。

関わってはいけないものだと、I君は察した。

だが、そんな彼の戸惑いを他所に、戦隊ヒーロー〈レッド〉は部屋のドアを開けて立ち尽くす彼の姿を認めると、素早く駆け寄ってきて腕を引っ張り、

「さあ、私と一緒に悪を倒しに行こう！」

と、凛々しい声で語り掛けたのである。

これが普通の少年だったら「本物のヒーローが僕を迎えに来た！」と小躍りして、この〈レッド〉に付いていってしまったかもしれない。だが謎のヒーロー姿の黒いオーラが視えたI君は（行ってはいけない！）と足を踏ん張って抵抗を試みた。

「さあ、私と一緒に悪を倒しに行こう！」

〈レッド〉は更に腕の力を込めて彼の腕を引いた。恐怖を感じてそれに抗う。

「さあ、私と一緒に悪を倒しに行こう！」

「さあ、私と一緒に悪を倒しに行こう！」

戦隊ヒーローは、嫌がるI君に、繰り返し同じ台詞を吐いた。

（連れていかれたら、絶対にまずい……！）

焦った彼は、階下に居る家族らに聞こえる調子で、大声を張り上げた。

すると、狼狽した〈レッド〉の力が僅かに緩んだ。

すかさず腕を引き抜く。

赤いコスチュームの戦隊ヒーローは振り向きざま、何故か開けっ放しになっていた二階の窓から「とぅッ」と飛び出していったそうである。

「……でも、二階から飛び出た割には着地の音がしなかったですし、窓から顔を出したら、もうどこにも姿が無いんです。それに昼間の出来事なので、あんな目立つ恰好をしていたら絶対誰かが見ていて近所で噂に上る筈なのに、そんな話もまったく出なくて、あれ、一体何だったんだろうかと……」

さすがの私も頭を抱えた。

これは、新手の神隠しの手口なのだろうか。

幸せに死ぬ

こちらもI君からお預かりした話である。

つい先日の事、彼が家の近くを歩いていると、前から不可思議な人物が歩いてくる。何の変哲もない、物静かな雰囲気の中年男性なのだが、何とその男性には「後光」が差していたのである。驚いた彼は帰宅すると、その男性のことを両親に話した。

すると、彼の正体は近くに住んでいる博学の男性で、普段から六法全書を愛読し、若い頃は仏道を修行し、僧侶の資格も持っているのだという。

ああ、あの方がそうなのか、成る程とI君は頷いた。

近隣ではちょっとした有名人で、彼も噂だけは以前から耳にしていたからである。そして「後光」が差している位の人物であるから、本職の僧侶でもないのに相談事に訪れる方が多いということも耳にしていた。

ある時、Ｉ君は母親と車で出掛けた際に、その「後光の男性」に関する話を耳にしたそうである。

「幸せに死ぬって、どうすればいいんですか？」

母親の知り合いらしい、県内に住むある老婆が、そんな悩みを男性に持ち込んだという。この老婆は資産家で立派な家があり、子や孫にも恵まれ、ここまでの人生を幸せに生きてきたのだが、高齢になってから「死」について考えるようになった。

どうすれば自身が「幸せに死ねるのか」と。

結果、大勢の人間の為になる、沢山の善行を施せば「幸せに死ねる」のではないかという結論に至り、様々な福祉施設やボランティア事業に多大な寄付や寄贈を行い、市から表彰状が送られる程であったそうである。

この老婆が、件の「後光の男性」の噂を聞き付けて、遠方から彼の元に訪れてきたのである。男性は、博学な知識を交えて、この老婆に当たり障りのない返答をしたそうで、彼女もそれに納得し、それから二人は茶飲み友達のような仲になった。

その頃になると、老婆はもはや安心し切ったのか「死」について、ひと言も触れなくなっていたそうである。そして来たるべき時が来て、老婆は家族に見守られながらの大往生を遂げた。

「ところがなあ××さん（I君の姓）、話はそれで終わらなかったんだよ」

後光の男性は遠くを視る視線で、I君の母親にこう呟いた。

「不思議なこともあるもんで、俺はあのお婆さんが寝たきりの時に、何度も会っているんだよ」

「突然そんな話をされちゃってさぁ」と、母親の話は続いた。

彼の弁によると、男性の家の居間からは外の道路がよく見えて、件の老婆が向こうからやってくるのが見えるので「あ、あのお婆さんが来たな」と庭に出ると姿が消えている。老婆が入院していることを知らない男性は、もう帰ったのか？　恐ろしく素早いなと首を傾げることが数日あったそうなのだが、程無く老婆の家族から彼女の訃報が届いたのだという。

「お婆さんはきっと亡くなる前にもう一度、◎◎さん（後光の男性）にお逢いしたかったんでしょうね」とI君の母親が返すと、男性は顔を曇らせた。

「いや、俺もそう思ったんだが、違うかもしれないんだ。昨日、死者から手紙が届いてな」

どういう手法を用いたのかは不明だが、件の老婆は死後、後光の男性に手紙が届くようにしていたらしい。そして、その内容は簡素なものであった。

——私は幸せに死ねませんでした。

死にたくありません。悔しい——

「そんな話を聞かされちゃってね、私びっくりしちゃった」

話を聞いていたI君も、何か凄い話だなと思いつつ、運転中の母親に向かって、こんなことを尋ねた。

「……ところでそのお婆さんって、白髪を長く伸ばしていて、キャミソールみたいな服を着てる人？」

I君の母親は顔を引き攣らせて、それきり黙ってしまったそうだ。

その時、後部座席に乗っていた彼には、運転席の母親の横にいる「目の無い」老婆の姿が見えていたそうである。

正確に描写すると、運転席横のコンソールの辺りから、上半身がにょっきり生えていて、下半身は車体に埋もれていたそうだ。よく運転席の足元から女や男がペダルを踏んでいる足を掴む怪談を拝見して「そんな馬鹿な」と思う方が多々いらっしゃると思うのだが、あれはどうやら本当の〈描写〉なのかもしれない。

彼（か）の「後光の男性」曰く、「幸せに死ぬ」ということは、単純に「善行を積む」「施しを行う」という他人から見た評価や価値観の問題ではなく「自身がその人生をいかに有意義に、満足に生きたか」ということではないかとI君の母親に語ってくれたそうだ。

如何に多額の寄付や寄贈を行っても、そこに他者を思いやる気持ちが伴わないのなら、何の救いにも功徳（くどく）にもならないということなのであろう。

私自身も、「後光の彼」の意見には大賛成である。

ダンゴムシ

ツイッターのフォロワー、S・Uさんよりお預かりした話である。

彼女がまだ、地元九州の高校に通っていた頃。

その日は部活と専門科目の補習で、帰りがいつもよりも遅くなっていた。自宅までの最寄り駅に到着した頃、日は暮れかけて、空は黄昏色に染まり掛けていたという。

駅前の駐輪場から自転車を出して、帰り道を急ぐ。

途中、大通りと交わる交差点で一旦停止をして、何気なく空を眺めた。

そこに居たのは「ダンゴムシ」。

学名「オカダンゴムシ」。ワラジムシ目の、庭石等をどかすとわらわらと現れ出て、突っつくとくるりと丸くなる、あれである。

それの数十メートルにも及ぶ巨大化バージョンが、夕暮れ空に浮いていた。

Sさんの居る交差点の位置から見れば、「ダンゴムシ」を下から見上げる恰好になり、その身体の裏側がよく見えた。蛇腹形の腹部から伸びた無数の足をもぞもぞ動かしながら「ダンゴムシ」は気持ち良さそうに悠々と空を行く。

Sさんは思わず自転車を降りて、その姿を呆然と見上げた。

その横を通り過ぎたサラリーマンが、怪訝な表情で彼女の方を見る。

（上だよ、上！　なぜそっちを見ない？）

視線を感じて、心の中で呟きながら、Sさんは空から視線を外せない。

暫くそれを眺めた後、彼女はよく判らない「それ」を「そういう形の飛行船」なんだと自分に言い聞かせることにした。この際、足は見なかったことにしよう。

飛行船なんだから、いつまで見ていても仕方ないなとSさんは自転車に跨り、もう一度空を見上げた。

瞬間。

空飛ぶ巨大な「ダンゴムシ」は、物凄いスピードで数百メートル彼方に移動した後、ふっと掻き消すように消えてしまったのだという。

畳三枚

こちらもS・Uさんからお預かりしている話になる。

彼女の実家には色々と逸話がある。ともかく色々と事件が起こるそうである。

この時の主人公は、S・Uさんの父親だった。

その日、彼女の父親と母親は、やや派手目な夫婦喧嘩をやらかした。

傍から見ていても手の付けられないような言い争いは物別れのまま終わり、父母はそっぽを向いたまま床に着いた。

しかし、怒りが収まらずムカムカしていた父親は、布団から起き上がって母親が大切に祀っている不動明王像に向かって「悪態」をついた。

どんな「悪態」をついたかは忘れてしまったそうだが、少しは胸のつかえが取れた父親が、ようやく眠れると布団に横たわる。

するど何やら天井付近が騒がしい。奇妙な気配がする。

(何かが居る!)

思った刹那、そこに現れたのは、ゆうに畳三枚分はあろうかという巨大な足だ。そいつが布団の中で動転する父親目掛けて、ゆっくりと降ろされてくるのである。

まさか、あれ?

目を剥いた父親は、先程の所業を思い出し、咄嗟に足裏目掛けて謝った。

(お不動さんごめんなさい! お不動さんごめんなさい! お不動さんごめんなさい! お不動さんごめんなさい! お不動さんごめんなさい! お不動さんごめんなさい! お不動さんごめんなさい! お不動さんごめんなさい! お不動さんごめんなさい!)

父親は胸の中で、必死にお不動様に謝った。だが、天井から生えた巨大な足は、どんどん眼前へと迫ってくる。

（……お不動さんごめんなさい！　お不動さんごめんなさい！　お不動さんごめんなさい！　もうしません、もうしません、もうしません、もうしません、こんなこと絶対にしません！　この通りです、どうか、どうか、どうかお助け下さい！）

父親の必死の祈りも虚しく、畳三枚分の足裏は、彼の鼻先まで迫った。

（もう駄目だ！）

覚悟して目を瞑った瞬間、巨大な足は、現れた時と同じ調子でフッと掻き消えてしまった。父親は布団の中でびっしょりと汗まみれになりながら「もう神仏に喧嘩を売るのは止めよう」と心に誓ったという。

因みに、振り降ろされてきたその足は毛むくじゃらであったと、父親はＳ・Ｕさんにぽつりと漏らしたそうである。

仏間

S・Uさんの実家については様々な逸話があるという。

特に仏間での変事が多い所が、レギュラーメンバーI君のお宅の事情とよく似ていると感じている。ここでは彼女自身の体験を紹介してみたいと思う。

ある年のこと。S・Uさんが帰省した折、実家の仏間に布団を敷いて寝た。

真夜中、ふと目を覚ますと、何故か天井板が目の前にある。

（えっ？）

そう思った瞬間、身体が独楽（こま）のように、ぐるぐると旋回し始めたのである。

状況を呑み込めず、必死になって首を動かすと、驚いたことに彼女の身体は天井近くに浮いていて、ぐるぐる回る自分の肩越しに、布団の中で眠っているもう一人の自分の姿が見えたのだ。

（えっ……、何これッ？）

彼女の狼狽を他所に、宙に浮いた身体の回転速度はどんどん勢いを増していく。その余りの遠心力に意識が飛びそうになりながら、どうやったら今の自分が元に戻れるのかと必死に考えた。

その時、回転を続けるS・Uさんの耳に何かが聞こえた。

それはどうやら「お経」のようだった。

仏壇の方から聞こえてくる。

凄まじい回転に逆らって、必死に首を振った。すると、仏壇の前に正座して一心不乱に経文を唱える、亡くなった祖父の姿が目に入った。

その姿を見た時「もう大丈夫だ」という安堵と共に、フッと意識が遠のいた。

次の瞬間、気付くとS・Uさんは何事も無く布団の中に横たわっていたそうである。ただ、天井付近であれだけ振り回されたせいなのか、船酔いに似た不快な感覚が、身体にそのまま残っていたという。

このS・Uさんの実家の仏間は、他にも彼女の兄がここで寝て「視えないもの」に窒息させられそうになったり、「朝になったので起きようと思ったらまだ夜だった」をひと晩で何度も何度も繰り返されたり、仏壇に点された燈明の蝋燭が登り龍の形になっていたりと不可解な現象が多発する場所なのだそうだが、では、どうしてこの仏間で様々なことが起こるのかは、まったく不明なままだそうである。

浮遊と解明

「小学校三年生位のことでしたか……」

ふと見ると、隣の布団に寝ていた弟の姿が宙に浮いていたのだという。

その光景を耳にして、映画『エクソシスト』の悪魔祓いのシーンで、神父達の前で浮遊するリンダ・ブレアの姿を私は想像した。

彼女の悲鳴を聞きつけて、隣に寝ていた両親が起き出し、やはり呆気に取られた。やがて気を取り直した父と母は、宙に浮遊する弟の両手足を引っ張って下ろそうとしたのだが、びくともしない。

そうこうしている内に、弟の身体はまるで怪獣映画『ガメラ』の回転ジェットのように、空中でぐるぐるぐると回転をし始めた。

両親はなすすべなくそれを眺めているしか無く、やがて夜明けと共に弟の身体は布団に着地したという。私はこの話を伺いながら、先に戴いていたS・Uさんの体験が脳裏を掠めていたことを、先にご報告しておく。

「……流石に怖ろしくなって、母が良くお世話になっていた拝み屋さんに拝んで貰ったんですが、その後、弟は交通事故に遭って、その後は引き籠りみたいになってしまったんです。但し、弟の能力自体は落ちた様子でした」

家人の紹介で引き合わせて戴いた神奈川県在住のFさんは、郷里の飲み屋で、たまたま遊びに来ていた本職のイタコさんから「あんたはイタコになった方がいい」と言われた位の強い霊感の持ち主という触れ込みであったが、取材場所に指定したファミレスの席に着くなり「籠さんって、かなり「強い」方ですよね。多分奥さまが一緒にいらっしゃらなくても、この方だと分かったと思います……」と開口一番に言われてしまった。

姉妹書『方違異談』に「黒蟠虫」という挿話を提供してくれたセミプロ霊能者のN美さんも、私をひと目見るなり同じことを仰っていたのだが、気になったので、どのような理由でそう思われるのかを尋ねてみたところ「見れば分かります」という、漠然とした御返事を戴いた。

Fさんの霊感の強さはどうやら家系的なもので、彼女の母親も弟も、この世のものでないものをよく見たり感じたりするそうである。

「……こういう話はあまり人前でするなと子供の頃から言われていたので、共感して戴けそうな人だというのが分かって安心しました」

しかし、幽霊を見ることもなければ、お祓いができる訳でもない一介の怪談綴りが、なぜ初対面の方から何度も同じことを言われるのか正直判らない。ただその印象のお陰で、相手からはひと目で信頼して貰える様子で、それはそれで境遇的に有難いことだと思っている。

それで、この事件の原因的なものに心当たりはありますかと尋ねると、流石に小学校低学年時代のことなので判らないという。もっともな回答である。ただ、先にご紹介したように、Fさんの一族は家系的に霊感が強く、一番強いのは弟さんで、お母様もそれに次いで霊感が強いそうで、親族が亡くなったりすると、挨拶にやってくるのが判ったそうである。

例えば、家の中を徘徊する黒い影を見掛ける。

それはFさんには影法師にしか見えないのだが、お母様は「～の××さん、亡くなられたみたいね。御挨拶に来られた」とことも無げに言う。

「母は本当に物怖じしないというか、楽天的なところもあって、そういうものを受け入れて生活していたみたいな感じで」

但し、Fさんに関しては、先に述べたように、不可思議なものを視る力については他言無用を言い付けていた。

「何かあったら〈普通の人〉からは、みんなあんたのせいにされるから」

まるで中世の魔女狩りのような台詞なのだが、全くその通りなのである。

私自身に視る力はないのだが『方違異談』の最終話「坑の中」という話の伝染性に関して、似たような目に遭っているからである。「坑の中」オリジナルを聞いた方は、皆、大なり小なりの不可解な体験と、そして様々な形での災厄がセットでやってくる。つまり「運」を落としてしまう怪異談でもあるのだが、実際私自身が足の骨を折って全治六か月の治療期間を必要とした。ところがこの噂を聞き付けて「話せ」という方の大半は、その時点で「そんなことがある訳がない」と、ほぼ信用していない。単なる興味本位だから「大丈夫、大丈夫」を連呼して強引に話をせがむ。そしてその結果、前もって忠告していた災厄が訪れると「マジで起こると思っていなかった」「家族まで巻き込まれるなんて」「もっと強く止めてくれれば良かったのに」等、今度はこちらを責める台詞を連呼し、本当に始末に負えないのである。

だから、その体験を例に出し、Fさんの母親がそう指導していたのは正解ですと私は頷いた。

「……で、籠さんは、先の弟の件について、どういった見解をお持ちですか？」

そんなFさんの問い掛けに返事を窮した。

情報量が少な過ぎて、霊感が強い方には「そういうもの」が寄り付き易いという無難な答えを返すしかない。そうですか、と残念そうな顔をする彼女は、霊感強そうだったので、何かが判るかと思ったんですがと呟いた。

流れ的に、話題は「どうしてそのように見えるのか」という方に傾き、他の方にも似たような指摘を受けたことがあるのだが、私自身は何も視えない、ただ怪しい事件にはよく巻き込まれると告げると、今度は「その話をして欲しい」とせがまれた。「感じやすく拾いやすい」Fさん相手に伝染系の話はまずいと考え、私は同じく『方違異談』に掲載された「恐山奥の院」の話をかいつまんで披露した。

霊場・恐山で出会った初対面の女性から、私が「不動明王の行者」と勘違いされたエピソードだ。

――恐山の奥の院にお不動様が祀られていること。私がそこに手を合わせていると後からやってきた女性が突然姿を消したこと、そしてその女性が大叫喚地獄の看板の前で私を呼び止めたこと。その女性が「あなたはお不動様の行者か何かですか？」と私に尋ねてきたこと――。

「あっ、あっ、ああああああ……！」

全部を話し終わらぬ内に、不意にFさんの視線が泳ぎ、突然妙な声を上げたので、私も妻も目を剥いた。

「どうしたんですか？」

「思い出した、思い出したんです……！」

「えっ、何をですか？」

余りにも突然なFさんの豹変ぶりに、事態が呑み込めない。

「……祖母が、祖母が、御先祖様の仏壇を焼いてしまったんです」

思わず、言葉の接ぎ穂を失った。

Fさんの祖母は、大きな老舗旅館の娘で、大変な資産家だったそうである。

だが、何不自由なく恵まれて育ったせいなのか、我儘で一途なところがあり、一度言い出したら誰の意見にも耳を貸さない性格だった。

この祖母が、ある知人の強い勧めで新興宗教に入信してしまい、そこの教義に従って、先祖代々からお世話になっていたお寺から離れて、教団から新しい御本尊様を貰い受け、代々の御先祖様の位牌を収めた仏壇と、江戸時代から続いてるという一族の過去帳を廃棄して焼却してしまったのだという。

婿養子であった祖父は、そんな祖母の振舞いに何の口出しもできなかった。

「これであなた達、家族全員がもっと幸せになれるんだから」

Fさんの祖母は、その教団の教祖様の教えを微塵も疑わなかったそうである。

ところが、それから間もなく、弟さんの浮遊事件が起こり、祖父が亡くなってしまった。

それだけでなく、事故や金銭等の様々なトラブルが相次いで、祖母は「自分らの信心が足りないからだ」と宗教団体に多額の献金を行うようになり、とうとう旅館の経営が傾いてきてしまったのである。

時刻は既に午後七時を十五分程回っている。

「食事の支度があるので、七時位にはお開きに」と初めに仰っていたにも拘らず、Fさんの独白は止まらない。まるで言葉が次々と溢れ出てくるかのようだ。どこで区切りを入れればと、こちらが気を遣う有様であった。

そして、現在ページを繰る読者諸君もお気付きかもしれないのだが、私はこのFさんの突然の変貌に奇異なものを感じていた。彼女は、弟さんの浮遊事件について、自分は幼かったので、経緯を覚えていないと先に語っていた筈なのである。

それなのに、この突然の鮮明な過去語りは、どうしたことなのかと。

何が引き金になったのかと。

（……まさか恐山の話が、呼び水になった？）

真偽は定かではないが、Fさんは「本職のイタコ」だったという人物にスカウトされたというではないか。そんな私の戸惑いを他所に、Fさんの話は続いた。

――だが、いくら祖母が御本尊様を拝んで教団に献金を行っても、事態は一向に改善しない。借金は膨れ上がり、従業員の数は減り、事業はどんどん傾いていく。

さすがにこれはおかしいと思った祖母が内密に地元の「神様」と呼ばれている拝み屋に相談に訪れると、

「あんたが御先祖様との縁を切り捨てたからだ。あんたんとこの財産は御先祖から代々受け継いで来たものだから、そうなってしまうのは当然だ」と。

どうすれば良いのかと取り乱しながら訴える祖母に拝み屋の神様は「既に失ってしまった過去帳と仏壇はどうしようもないが、今すぐにでもそこ（宗教団体）から離れろ」と告げられたそうである。


そこまでを怒涛のように語ったFさんは、漸くひと息ついた。

「……拝み屋の言葉に従って、祖母はその宗教団体から身を引きました。そのお陰で破産だけは免れたのですが、手元には僅かな土地と財産が残されただけで、あの頃よく祖母が「私のせいで、お前達には済まないことをした」と、私と母にいつも謝っておりました。「どうしてこんなことを忘れていたんだろう……」

弟さんの浮遊現象についても、彼女は原因らしきものを思い出してくれた。

「……当時、私達の住んでいた家は、祖母が経営していた旅館の敷地内に新たに建てたものだったんです。あれはきっと、過去帳を焼かれて縁切りをされた御先祖様達が怒って……」

私はFさんに、何と声を掛ければ良かったのか。

ところで、この話にも少々続きがある。

Fさんの祖母は既に亡くなっているのだが、脱会したにも拘らず、件の宗教団体から貰い受けた御本尊様は、まだ彼女の母親が保管したままなのだという。そんなものは捨ててしまえと言っても母親は「そのうちに何とかするから」と全く耳を傾けないそうなのだ。

そこまで聞いた時に、私はFさんのお母様が「それ」をどうするつもりでいるのかが、何となく理解できた。

そう。

家族や大事な人の為なら、私もそうするであろうと思ったことも。

死神

先の「浮遊と解明」に登場したFさんは「死神」らしきものを見たことがあるという話もして下さった。

今から十数年前のこと。場所はＪＲ・葛西臨海公園の改札口だという。

その日、彼女は親しい友人らとこの臨海公園で休日を過ごそうと、改札口の外で待ち合わせをしていたそうだ。

現地に早く着いてしまったFさんは、友人らの到着を心待ちにしながら改札口に視線を集中していた。ところが彼女は視線を集中すると他者のオーラやこの世のものではないものが「視えてしまう」体質である。だから普段は目力を抑えているのだが、この時は浮かれてしまって、そのことを忘れていた。

ホームに電車が到着する都度、改札口は大勢の人間でごった返す。

　Fさんはその人波の中に友人らの姿を見出そうと、目を皿のようにしていた。そうして数台目の電車が乗客を吐き出して、人で混み合う改札口の中にFさんは奇妙なものを視た。大勢の降車客らの中に、頭一つ飛び抜けた、巨大な姿があったのだ。

（なにあれ……？）

それはごく普通のスーツ姿の、通勤客らしい三十代位の男性である。

だが、その男性の背中に、もうひとつセピア色の中年男の上半身が生えていた。

思わず言葉を失うFさんの目の前を、ひとつでふたつの異様な姿が通り過ぎていく。彼女は携帯電話を取り出し、ある知己に電話を掛けた。その方は霊感が強く、当時困った時に、よくアドバイスを貰っていた人物であるという。

　Fさんがその知己に目の前の出来事を報告して、先の男性に注意を促した方がいいだろうかと問い掛けると、

「それは〈死神〉だから関わらない方がいい。貴方も被ってしまう」

そう警告され、Fさんはその男性を見送るしか、術が無かったそうである。

顎（あぎと）

Yさんは、ある狼神社の狼札を祀っている。

関東圏にお住まいなので、狼札を借り受けられる場所は、ある程度限定されてしまうのだが、神社の名前は伏せるとのことなので、そこは読み手の方々の御想像に任せることとしたい。

その狼札の守護のお陰なのか、Yさん宅は、昨今の病禍の最中にあっても、家族に感染者が出ることもなく、平穏無事に毎日を過ごしていた。

だがそれも、彼の勤務先までは守備の範疇外だったらしい。

二〇二〇年初頭に中国・武漢で発生し、あっという間に世界中を席巻した新型コロナウィルスの災禍で繰り返された「緊急事態宣言」と「蔓延防止措置」によって、多くの企業や事業が倒産したのは周知の事実であるが、Yさんの勤務先もその例外ではなかった。外出自粛による外食業や飲食業界の不振に伴って、店を畳む会社や事業主が相次ぎ、大手のお得意様も賃料の安い場所へと拠点を移してしまったので、その影響で、十年以上勤務を続けたYさんの会社も事業を畳まざるを得なくなった。幸い、前社長の口利きで流通関係の会社への転職が決まったので、収入に関する不安は直ぐに解消された。

だが、この職場にはSという古株社員がいた。

初日こそ気さくに話し掛けてくれはしたのだが、やがてYさんの人柄となりが読めてくると、今度は掌を返したような態度を取り始めた。

仕事の段取りを教えようとしない。上長からは彼から指示を仰げと言われているのだが、何を質問しても「自分で考えろ」としか答えない。

そんな状態でミスをしでかせば、大声で怒鳴り、頭や肩を小突く。

発注方法も教わっていないのに、商品注文をさせたり、間違った商品の保管位置を指示したり、発注伝票の順序を「閲覧」と称してぐしゃぐしゃにする。

Sが担当している顧客の重い荷物の運搬や、面倒な対応を「新人の仕事」と彼に押し付け、自分は仕事が終わるとさっさと帰ってしまう。

また営業や搬出に赴く際にも、遠回りな道を教え、帰社を遅くさせたりする。

そうした理由で、Ｙさんはなかなか新会社での仕事内容が把握できず、ある時発注ミスを引き起こし、上司から厳しく叱責を受けてしまった。その傍らで、Ｓは「判らないことがあったら、ちゃんと質問しろ」と嘯いていた。

Ｙさんは直感的に、このＳという古参社員は、仕事という名目を笠に着て、所謂「職場いじめ＝パワハラ」を行っているのではと考えた。周囲の人間から聞き齧った話も纏めてみると、Ｙさんの前任者は、数か月前に突然辞めてしまったので、彼はその穴に上手く滑り込めたという理由があったのだが、どうやらその原因も、このＳにあったのではと思い始めた。

彼は意を決してＳに「もう少し判り易く仕事を教えて戴けませんか」と頼んでみた。するとＳはニヤニヤ笑いながら「仕事ってのは、怒られ怒られしながら覚えていくもんなんだよ。教わって早く覚えても何の意味も無いだろ？」

昔の徒弟制度ならともかく、会社はそんな面倒なことを要求してはいないだろうし、ましてやこのＳに弟子入りする為に就職した訳でもない。

このひと言でＹさんはＳの悪意を確信したが、それでもＳの側からすれば、それは彼自身の嘘偽りないやり方なのかもしれない。悩んだ挙句、Ｙさんは、毎朝神饌を取り替えて面倒をみている「狼札」に、こう問い掛けてみた。

「……もしも彼が善意でそれをしているのなら、何もしないで下さい。悪意やいじめの類でそれを行っているのなら、彼を強く戒めて下さい……」


その日もSは些細なことでYさんを怒鳴り付けた。

単純に、ただ仕入れた商品を仕分けしていただけで「自分の棚の近くに置いたから、担当するものと勘違いした」と因縁を付けたのだ。

流石に頭に来たYさんは、今日こそ言い返してやろうと、Sを睨んだ。

その刹那。


(がりん)


骨を噛み砕くような音と手応えが、彼の脳内に響き渡った。

Sが「うっ」と呻いて数歩よろめく。

そして、何かに驚いたような視線で彼を見据えている。


その日はそれ以上、Sが嫌がらせを仕掛けることはなかった。

翌週の明け、Sは突然会社を休んだ。

それは、どんな職場でもありがちな出来事である。

だが、次の日も、その次の日もSは出社してこなかった。

心配した人事の担当が電話を入れると「脇腹が激しく痛む」とだけ返答があったそうである。そしてSの欠勤がひと月に及んだ辺りで、Yさんは上司から、彼が退職したことを告げられた。


「……神様はこちら側だけの利己的な理由では動きませんから、Sは本当に性根の意地悪な性質だったと思いますが、いじめや嫌がらせを行う人間は、その行為がどこかの時点で、自身に跳ね返ってくるリスクを承知しておいた方がいいと思いました。それは自分が的に掛けた人間が、実は腕っぷしが強かったとかじゃなく、それ以外の〈理由〉も存在する訳なんですから……」

取るに足らない理由で、人の恨みを買う真似をしてはならないと、Yさんもまた、この件を通して、自分自身を強く戒めているそうである。

戦う力

ツイッターのフォロワー、M・Fさんから伺った話である。

M・Fさんは昔から、怖い話や不思議な話が大好きで、その手の書籍やコミックのファンでもあった。

ある時、某オカルトコミックから、狼を眷属として祀るという、秩父三峯（ちちぶみつみね）神社の存在を知り、参拝に訪れたいという強い憧れを抱くようになった。しかしM・Fさんの住んでいる地域から三峯はかなり遠方、神社自体のアクセスの不便さとも相まって、それなりの日程と準備を要する為、なかなかその機会に恵まれなかったそうだ。

そんな時彼女は、インターネットのホームページから、三峯神社参拝をメインとした新宿発のツアーバスがあることを発見した。

M・Fさんが知った頃こそマイナーな存在であった三峯神社だが、フィギュアスケートの浅田真央選手が「白い気守（現在は発売休止中）」を所持していたことからマスコミに取り上げられて知名度が上がり、商売になると判断した旅行社のバスツアーが組まれた様子である。その内容を確認すると、きちんと現地滞在時間が確保されており、昇殿参拝もセットになっている。

Ｍ・Ｆさんはこの企画に飛びついて、すぐに予約を申し込んだ。

ところが、そのツアー決行のちょうどひと月程前、職場の定期健診があり、その問診と触診の際に、健診担当の医師が柔らかながらも不吉な台詞を口にした。

「精密検査をした方がいいかもね」

遠回しな言い方ながら、それはがん宣告を匂わせるものだった。

心のショックは否めなかった。それでも、あれだけ待ち焦がれた三峯参拝だけは外したくない。Ｍ・Ｆさんは、再検査の日程を参拝後日に設定して、憧れの秩父三峯神社へと出向いたそうである。

ツアー当日。

訪れた三峯の佇まいは素晴らしいものだった。

四方を囲む山々。遥拝殿から望む妙法ケ岳の美しい姿。

独特の白い三つ鳥居。参道脇に立ち並ぶ沢山の講社の石碑。

色鮮やかな随神門。

その両脇に鎮座する一対の狼像。

境内に並ぶ石灯籠と杉並木。その合間にも顔を覗かせる狼達。

現在の自身の境遇も忘れて、彼女は眼前の光景に心を委ねた。


やがて自由散策の時間が終わり、昇殿祈祷の時間が来た。

願事は、祈祷札に二つ入れられる。Mさんは無事に三峯へ来られたという意味合いを込めて「神恩感謝」と自身の現在「心身健全」を願意に書き込んだ。

渡り廊下を歩き、十名程のツアー客らと共に、拝殿へと入場する。厳かな空気。色鮮やかな拝殿内の両脇には、阿吽の白い狼が鎮座している。

神職の叩く太鼓の音と共に、祈祷が始まった。

昇殿者全員にお清めの大幣（おおぬさ）が振るわれ、大祓詞（おおはらえのことば）が読み上げられる。

Mさんは目を閉じて両手を合わせ、祝詞に被せてこんな願いを乗せた。

（治してくれとは申しません。がんと戦う力と、勇気を下さいますように）

すると、瞼の裏に不思議な光景が浮かんだ。

それは祭壇の両脇に鎮座する白狼に似ていたが、まるで子犬のように小さい。拝殿奥からヨタヨタと歩きながら、あどけない瞳を見開いて、不安げに左右を見回している。その姿がとても愛らしくて、彼女の心は和んだ。

昇殿する前に立ち寄った、狼の眷属を祀る御仮屋でのイメージは、がっしりとした野性味ある茶色の狼であったが、この頼りなげな白い子は何なのだろう。

ただ、その姿には、今の自身の辛い境遇を忘れさせる何かがあった。

自然と口元に笑みが浮かぶ。神前に玉串を捧げながら、この子は社が使わしてくれた神使なのかもしれないとM・Fさんはそう思った。

やがて、ツアーの滞在時間が終了し、添乗員に誘導されて参加者らは随身門を潜り、バスの停まっている駐車場へと向かい始めた。

M・Fさんもその列に混じって参道を歩いていると、不思議な気配を感じる。あの小さな白い狼が、不安げな表情を浮かべながら、背後から付いてくる気がする。

三峯に関する何かの蘊蓄(うんちく)には、確かこう書かれていた。

『御眷属様をお借り受けした場合には、家に辿り着くまで振り向いてはいけない』

しかし、子狼の、あの不安そうな面持ちを思い出したM・Fさんは、三つ鳥居の前で後ろを振り返ると、

「おいで。一緒に行こう」

背後の気配に、そう優しく声を掛けた。

精密検査の結果、医師の診断通り、触診部位からは悪性の腫瘍が発見された。直ちに入院から摘出手術の運びとなり、患部は取り除かれたものの、予断許されぬ状況で、そのまま薬剤投与による入院生活が余儀なくされた。

ただ、M・Fさんは経過観察をしていた医師から、不思議な話を聞かされた。

彼女のがんは悪性のものであったため、投与されている薬の副作用はかなりきつく、全身の浮腫みや悪寒、吐き気や食欲減退等が常に伴って当たり前なのだという。ところがそんな薬剤を投与されても、頭髪が抜け落ちた以外に目だった副作用が現れず、食欲が落ちることも無いので、とても不思議に感じているのだと。

危惧されたにも拘らず、M・Fさんの入院生活は三か月余りで終わった。

現在も経過観察中ではあるものの、良好な状態が続いているそうである。

「あの時の、弱そうなちびすけが、私の為に戦ってくれているんだって……」

正直な話、私は舌を巻いていた。

目の前で屈託なく微笑む女性が、現在もがんと戦っているなどと、露程も思ってなかったからだ。とは言え、そのような状態であった為、本来なら一年間で返す筈の祈祷札と御守は、四年間も彼女の手元に置いたままだったという。

「……漸く都合が付いて、明日、バスツアーで三峯に伺うんです。一緒に病魔と戦ってくれたこの子を返しに行って、きちんと神様に御礼を言わなくちゃと。その前に、誰かにこのお話を聞いて頂きたくて」

Ｍ・Ｆさんはそう言いながら、桐の木箱に入った御守を私に見せてくれた。

恐らくそこに入っているであろう白い病気平癒の御守は、正に小さな白狼を連想させる。

良い参拝になるといいですねと言葉を掛け、取材先のファミレスの前で彼女と別れた。

翌日の晩。

Ｍ・Ｆさんから私宛に届いたメールには、こう記されていた。

『……御祈祷の最後の方で、一瞬だけ、真っ白でふさふさ毛の精悍な狼の顔がポンと浮かびました……あのオドオドしていた子狼が、成長した姿を見せてくれた気がしました……』と。

彼女は今も、がんと戦っている。

野狗子（後）

――日本武尊（ヤマトタケル）が東征の際、白鹿に変化した山神に惑わされ、山中で道に迷われた。すると忽然と現れた白狼が武尊と軍勢を導いた。武尊はこの白狼に向かって、『大口真神（おおくちのまがみ）としてこの山に留まり、全ての魔物を退治せよ』と仰せられた――

（武蔵御嶽（むさしみたけ）神社の社伝より抜粋）

「……すると、そいつは再び現れたんですか？」

ノートにメモしていた私の手が、思わず止まる。

赤羽駅近くの某商業施設。その地下一階にある全国チェーンのファミレス。

その場所で語られた、元自衛隊員Mさんの体験した怪異は、私の予想を遥かに上回る、凄まじいものだった。

二〇一一年三月十一日に発生した未曽有の災厄・東日本大震災。その被災地救援に動員されたMさんが巻き込まれた奇怪な事件。それは地震の大津波によって縛めを解かれ、この世に姿を現した、屍肉を漁る不気味な妖物との遭遇なのだという。

はっきり申してしまえば、これだけでも充分、ホラー小説顔負けの事件である。そして通常の実話系であれば、ここで神社のお祓いなり、強力な霊力を持つ霊能者なりの登場で、幕引きとなることが殆どなのだ。事件は一度、岡山にある木野山神社の霊威により鳴りを潜めた。

ところがまだ、この話は続く。事件は解決していない。

（あの時と同じだ……）

本シリーズを通読している読者の方なら、思い当たる節があるであろう。東京・足立区にあるランチタイムのサイゼリヤで採話の真っ只中、突然姿を現した「夢の温泉宿の女将」の一件である。体験者Sさんの身辺を二十年以上追い回していた夢世界の魔物は、今度は三峯の狼の護符を用いて邪魔立てした私に矛先を向けて、大胆にも関西のK神社の拝殿内に姿を現したが、宮司の唱えた祝詞に撃退されて逃げ出した。そして三回目、新宿近郊のレストランに姿を現したらしきその日、私の手には更新したばかりの武蔵御嶽山の「狼札」があった。

魔物は狼を恐れ、また引き下がったのかもしれない。しかしそれでも、あの「女将」はまだ私の寝首を掻こうとしているだろうと考えている。こちらの気が緩むその時を待ち続けて。

そして、今回のMさんのケースも、そのパターンに似ている。その為に背筋に寒気が走り、メモを取っている手が止まってしまったのだ。

東京の某医科大学の解剖実習室に再び姿を現した、屍体を漁る謎の妖物。

そいつはまだ、Mさんに対する復讐を諦めた訳ではなかったのだ。

そして私は、その正体不明の魔物について心当たりがあった。

「……Mさん、S老人の話されていたことは正しいかと思います。Mさんの遭遇したものについて、資料でそいつそっくりの怪物の描写を見たことがあります」

「えっ、そうなんですか？」

「そいつは〈野狗子〉と呼ばれる妖怪で、名前は忘れましたが、確か中国の文献（前編冒頭部に記載した『聊斎志異』）に記載があったと思います。その外見は長い体毛に覆われていて、獣頭人身、人の様で人でなく、野犬のようにも見えて野犬でもない。人心が乱れて戦争や災害で多くの死人が出ると、この世に現れ出て、四つ足で這い回りながら、その屍肉を漁ると言われているものです……」

「そうなんですか。やはり」

この時Mさんの表情が、僅かに引き攣ったのを私は見逃さなかった。

「でも、なぜその化け物が医科大学の解剖実習室に現れたのでしょう？　木野山神社のお祓いでは、完全に祓い切れていなかったということなんですか？」

「奴が大学の解剖実習室に居た理由はよく判りません。ただ先程、篭さんが仰ったように「屍体」と何か関連があるんじゃないでしょうか？」

嫌な考えが脳裏を過った。

現代に於いて〈野狗子〉は、そういう場所で「屍肉」を漁っているのではと。

「Sさんが言うには、お祓い自体は効果があって、ヤツは一旦古巣へ逃げたんだろうと。ただ、私自身がこちらに上京した為に「木野山様」の守護の範囲から外れてしまったことと、関東はあいつのテリトリーの近くだったからだと申してました」

成る程と頷きながら、S老人の慧眼は凄いと私は考えた。

狼信仰に詳しい、知己の学芸員T崎さんから「三峯や武蔵御嶽に代表される関東圏の狼信仰の勢力は、天竜川を境に稀薄になる」と耳にしていたからである。裏を返せばS老人の言う通り、Mさんが木野山神社のテリトリーである西方の土地を離れてしまったから「木野山様」はこちらの土地事情に干渉できなくなったのだろう。

そしてあの「黒い魔物」は、その時を待っていたのかもしれない。

しかし、ならば。

この話は一体、どう収拾を付けるというのか。

Mさんは、どうやってこの危急を脱することができたと言うのか。

「……続きをお聞かせ願えますか？」

生唾を飲み込みながらペンを取り直し、私はMさんにそう促した。

（なぜ、こんな場所にあいつが……！）

――Mさんは数歩たじろぎ、そして次に、この解剖実習室にいることが怖ろしくなった。

「先生すみません！　ちょっと気分が悪くなって」

彼は手を上げて実習手順を説明している教諭に願い出ると、慌てて地下の実習室を飛び出した。急ぎ足で薄暗い階段を駆け上がり、実習棟の外に出て明るい陽の光を浴びると、漸くひと心地付いた。すぐ側にあったベンチに腰掛ける。振り仰げば空はよく晴れていて、キャンバスの中庭の緑を鮮やかに彩っていた。

気分が落ち着いてくると、Mさんは、さっきの「あれ」は解剖室に充満しているホルマリンのせいで、脳がかつての嫌な思い出を引き出した「幻覚」ではないかと考えた。

(あれからもう四年も経っているんだ。ここまで何も無かったじゃないか)

その時、突然背後から声が掛かった。

「どうしたの? いきなり顔色変えて飛び出しちゃって、びっくりしちゃった」

横から彼の顔を覗き込んで来たのは、同じゼミを専攻しているAさんという女子学生だった。この大学に入学してから知り合った仲ではあるが、妙にウマが合って、ゼミの仲間の中では一番親しい間柄である。

「心配になって様子見に来ちゃった。大丈夫?」

「んー、ホルマリンの匂いに酔ったのかも。少し風に当たってれば大丈夫だよ。ありがとう」

まさか、解剖実習室の中に化け物がいたからとは、口が裂けても言えない。

「そう、ならいいんだけど」

Ａさんは彼の顔を覗き込んで、にっこり微笑むと、

「それなら私、実習室に戻るから、また後でね」

彼女の立ち去りざま、Ｍさんの鼓膜に届いたのは、獣が低く唸る声。

（……？）

ぎくりとして振り向くと、そこには校舎の入口へと消えていくＡさんの後姿があるだけだった。

暫くして地下の解剖実習室に戻ると、Ｍさんは実習中のＡさんに向かって「さっきはありがとう」と声を掛けた。

すると何故か、彼女は首を傾げて「何のこと？」と怪訝な表情を浮かべる。

「だって、僕の様子を見に、外に来てくれたでしょ？」

「え？　私はここでずっと、皆と一緒に解剖実習していたけど？」

ねえ、とＡさんが促すと、他の学生達も「そうだけど？」と同意した。

Ｍさんの背筋に、冷たいものが走る。

（そんな馬鹿な。じゃあ、あれは誰だったんだ？）

去り際の、低い獣の唸り声が脳裏を過ぎる。

全身の血の気が引くと共に、強い吐き気がした。

（まさか……）

もう、その日は解剖実習を行う気力など失せてしまい、Mさんは体調不良を理由に学校を早退した。


「結局、AさんはMさんのところには行ってないんですね」

「はい、そうらしいです。結局あれは誰だったのか、今でも判らず終いなんです」


言葉の接ぎ穂を失うという言葉があるが、この時の私の心境が正にそれだった。実は私は以前、実話系とは関係ない別の理由で〈野狗子〉について調べたことがあるのだが、その中に、こんな一文があった。

『人の心臓を食したことのある野狗子は、人に変身することができる』

正しく伝承通りの出来事なのだが、事実が余りにも怖ろし過ぎて、私はその場でMさんにそれを告げることができなかった。聞いているこちらの鳥肌が立ってくる。この実話系というジャンルには、そんな話も含まれてしまうのかと。心霊呪詛系の体験とは別の手触りの、もっと生々しく物理的で、異次元的な恐怖に怖気が止まらない。

「……続きをお願いします」

私は勇気を奮って、この体験談と対峙すべく、ペンを取り直すとMさんにそう言った。

――その日の晩、Mさんは悪夢に魘された。

一番初めの夢は、あの津波に押し流された福島の小さな町のシーンだ。

あの黒い魔物が瓦礫の下の屍を漁っている。

石を投げた。

一投目は命中。二投目は外れて、獣はこちらを睨み、暗がりへと遁走する。

ハッとして目を覚ます。思わず天井を見上げる。

逆さまに貼り付いた魔物はいない。

安堵して再びベッドに潜る。

また夢を見た。

あの黒い獣がじっとこちらを見下ろしている。

「見つけた」

魔物がそう呟く。再び飛び起きるが、部屋の中には何もいない。

Mさんは、この日を境に奇妙な体調不良にも悩まされるようになった。

全身が妙に気怠く、力が入らない。気持ちが沈んだまま無気力で、物事に対する興味も湧かない。そして毎晩あの夢を見る。

「見つけた」

一体、自分の身には何が起こっているのか。

この時点でまだ木野山様の守護から外れたことに気付いていなかったMさんは、スクールカウンセラーに相談を持ち掛けたり、病院に通って睡眠薬等を処方してもらったりしたが、焼け石に水の有様であった。

「見つけた」

悪夢は止まらない。

医者に頼んで薬の量や服用回数を増やすと、今度は違う夢を見た。

横になり、ふと気が付くと、意識が天井間際にある。そして眼下に位置するベッドの中では、自分自身が眠っていた。

（幽体離脱だ……）

どうしてそんなことになってしまったのか判らない。そのままどうしていいかと戸惑っていると、玄関脇にある換気扇の換気口から、もやもやと漂う、真っ黒な霧のようなものが侵入してきた。驚いて見ているとそれは徐々に形を為していき、あの全身にべったりと体毛を纏わりつかせた、黒い魔物の姿となった。

そう、彼が毎日見ていた「あれ」は夢ではなく、毎晩枕元で起きていた「現象」だったのである。薬やカウンセリングなど効く筈もなかった。

驚いてそのまま見下ろしていると、魔物は前足を持ち上げて、ベッドの上に寝ている彼の心臓の位置に、とん、とそれを置いた。

（筆者注・ここでも〈野狗子〉はMさんの心臓に狙いを定めている）

またしても驚いて目を覚ますと、そこはいつもと変わらない自室のベッド。

（あれも夢だったのか……）

安堵は束の間だった。ふと目を遣ると、寝間着の胸の部分に、粘り気を帯びた長い体毛が何本も付着していたのである。

（夢じゃないっ！）

さすがにMさんも尋常な事態でないことに気が付いた。理由は判らないのだが、福島県で目撃したあの屍肉を漁る妖怪が、再び彼の身辺に纏わりつき始めたのだ。

「手負いの獣が、一番怖いんだからな」

あの時の、S老人の言葉が脳裏を過ぎる。

翌日、彼は郷里の祖父に電話を掛け、一連の異変の内容を打ち明けて木野山神社の狼札を送って貰えないかと相談を持ち掛けた。

だが、祖父は暫く黙り込んだ後、

「Sと直に話をした方がいい。わしから話を通しておく」

と告げられた。それから暫くして、S老人から電話が掛かってきた。

「××、また、とんでもないことに巻き込まれているようだな」

Mさんは藁をも掴む思いで、あの黒い魔物が大学の解剖実習室に再び現れたこと、学友に化けて彼を嘲笑いに来たこと、その晩から体調不良を起こし、学業に専念できなくなったこと、そして服用している睡眠薬のせいで幽体離脱を起こしている最中に、あの魔物が霧のような姿になって部屋に侵入し、彼の心臓の部分を前足で踏んだことなどを手短に告げた。

電話の向こうで話を聞いていたS老人は、やがて重々しい事実を告げた。

「……心臓の上に前足を置いたのは、それは所謂マーキングだ。これは自分の獲物だという印だ。そいつはお前を取り殺す気でいる。のんびり木野山様の御札を待っているなんて暇は、もうないかもしれん」

「ど、どうすればいいんですか？」

「東の国の魔物のことは、東の国の狼に頼め。埼玉県秩父の大滝という場所に、木野山神社と同じく狼を神使として祀る三峯神社という場所がある。そこを頼ってお縋りしろ。東京から三時間もあれば辿り着く筈だ。いいか××、事態は一刻を争っている。明日にでも秩父に行って来い」

秩父三峯神社。初めて聞く名前だった。

そしてこの関東圏にも木野山神社と同じく「狼を祀る社」があるというのも驚きであったが、最早、あれこれと考えを巡らせている余裕はなかった。あの黒い魔物はこの瞬間にも彼を餌食にしようとしているかもしれない。何にしてもS老人の言うことなら間違いはない筈だと。

Mさんは翌日の受講を欠席して、秩父三峯神社に出向く決意をした。

ところが、この秩父行きの行程も、只事では済まなかった。

奥秩父に位置する三峯神社へのアクセスは確かに不便である。とは言え電車とバスを乗り継いで半日もあれば到着するだろうと見込んでいた。更に、念には念を入れて朝七時頃に自宅を出たのだが、どういう訳かJRを間違って乗ってしまったり、乗り継ぎの西武鉄道が車両故障を起こしてダイヤが大幅に乱れていたりと、ハプニングが続きに続いた。

電車の乱れで神社に向かうバスをひとつ逃した時、時刻は既に午後二時近かった。まるでそれは、あの黒い魔物が、彼を三峯に行かせまいと、邪魔立てしているようにも感じられた。

必死の思いで次便のバスに乗り込み、大慌てで停留所から、狛狼の佇む三つ鳥居の下を走り抜け、社務所で昇殿祈祷の手続きを終えたのは午後三時。

受付終了時間ギリギリの時刻である。ひと息ついて神社の宿坊である興雲閣のロビーで待ち受けていると、呼び出しのアナウンスが流れ、Mさんはロビーから注連縄の張られた社殿への渡り廊下を歩み、壮麗な彫刻の施された三峯神社の拝殿へと足を踏み入れることができた。

受付終了の時刻であったので、祈願者はMさん一人だけだ。

拝殿の祭壇両脇には、阿吽形の二体の白狼の像が鎮座している。

祝詞奏上を行う神職の到着を待っていると、その阿吽の白狼らがギロリとMさんの方を見たような気がした。その刹那、Mさんは「ああ、俺は助かったんだ」と何故か心の中でそう思ったという。

（筆者注・『物忌異談』の「魔物」に登場する「夢の温泉宿の女将」に付き纏われていた体験者Sさんも、私が郵送した三峯の狼札を見た瞬間「私は助かった」と同じ感想を述べているのが、何とも興味深い）

やがて祈祷札を三宝に乗せた神職が拝殿に現れ、太鼓を叩くと、深山の厳かな空気の元で祈祷が開始された。祝詞奏上の後、白狼の佇む祭壇に対して玉串を捧げる。やがて神職に言葉を賜り、祈祷は終了した。


三峯からの帰途では特に何も起こらず、Mさんは無事に自宅まで帰り着くことができた。早朝から秩父まで出掛けて、厄払いの御祈祷と、拝殿内でこちらを見た白狼らの眼差しに対する安堵感も伴って力が抜け、神社から賜った祈祷札を傍らのローチェストに立て掛けると、Mさんは崩れるようにベッドに横たわった。

また夢を見た。

あの獣がこちらを覗き込んでいる。

「見つけた」

はっとして目が覚める。部屋の中は真っ暗で、まだ夜中らしい。

あれからどれ位の時間が経ったのだろう。

そして今の夢は。

飛び起きようとすると、全身が動かない。

Mさんは金縛りを起こしていることに気が付いた。為す術もなく横たわっていると、部屋全体にあの不穏な気配が充満し始めた。

（また、奴が来るかもしれない……）

ベッドの中で、彼は身を竦ませた。

やがて換気扇の通風孔から、密度の濃い、黒い霧のようなものが入り込んで来た。

霧は部屋の床の部分に蟠ると、ゆっくりと蠢動しながら形を取り始め、やがてあの粘ついた黒い体毛を備える不気味な獣の姿へと変貌した。

三峯での祈祷を済ませたにも拘らず、〈野狗子〉は大胆不敵にも彼の前に姿を現したのである。御祈祷は、あいつには通用しなかったのか。あの拝殿内での安堵感は、単なる自分の思い込みに過ぎなかったのだろうか。

そんな戸惑いを他所に、魔物はベッドの上で動けないMさんの元に近付いてくる。怨みに燃える目が光り、怪物は鋭い牙の並ぶ、巨大な口を開いた。

一般的に〈野狗子〉は屍肉を喰らうとされているが、実は生きている人間を喰らうこともある。但し『聊斎志異』にもあるように、活きのいい人間を餌食にしようとすると往々にして反撃を食らう為、怪我人や病人、体力の弱った者を狙うとされている。この辺りのくだりは、人間世界の「暗黙のお約束」と余り大差はない。

身動きの取れないMさんの元に向かって、怪物は巨大な口を開きながら、ゆっくりと歩を縮めてくる。まるで嬲り殺しを楽しむかのようだ。それは「人間ごときに威信を傷付けられた」あちら側に属する者の矜持(きょうじ)だったのかもしれない。

Mさんの眼前に、牙の並んだ口腔が迫る。

刹那。

突然、傍らの三峯の祈祷札から「白い巨大な何か」が飛び出した。

そいつは閃光の速度で〈野狗子〉を巨大な顎で絡め取り、そのまま反転すると、魔物を咥えたまま、再び祈祷札の中へと飛び込んで消えてしまった。

それは〈野狗子〉の二倍の大きさはありそうな〈白狼〉であった。

まさに、一瞬の出来事であった。


二〇一五年の事件であったという。

余りにも凄まじい三峯の御眷属の霊威の顕現に、私はメモを取ることも忘れて、ただただ正面のMさんの顔を見ているだけだった。

同時に、冒頭に記した、武蔵御嶽神社の社伝の内容が脳裏を過ぎる。

あの三峯の御仮屋で遭遇した、巨大なつむじ風のような何か。

毎夜、生霊に悩まされる母娘をひと晩で解決へと導いた、獰猛なる狼札。

様々な記憶が、脳裏を過った。

それが、御眷属信仰というものなのかと。


「白狼が、ですか……」

「はい、あの三峯神社の拝殿の中に居た〈白狼〉そっくりでした」

人心を惑わし、屍肉を漁る黒い妖魔の、二倍もの体躯を持つという巨大な狼。

Mさんはこの取材時に、私の異談シリーズの第一作目である『方違異談』を持参してきていた。

「この本を拝読しまして、この方なら、きっと私の体験を信じてくれるだろうと考えました」

私はMさんに、強い感謝の気持ちを覚えると同時に、返す言葉が咄嗟に浮かばなかった。実話怪談の綴り手は、時によって、これ程の強烈な物語を託されることがあるのだと。私が狼信仰に対する興味を抱いたのは、発表することがないと思われる「ある相談事」の調査から始まり、十数年前に秩父三峯神社を訪れ、ここで幾つもの不可思議な体験をして、現在に至っている。

そして、その流れの中で、この元自衛隊員のMさんが体験したという貴重な遭遇談は、これまでの実話怪談系によくある短編風の仕上がりではいけない、この体験談の裏側に潜む「神威」と「真意」を、読者の方達にも、よく読み取って欲しいという意味合いで、こうして大幅なページ数を割いて再現することに専念した。これは迂闊な仕上がりにしてしまってはいけない。

何故ならそれは、この取材時にMさんには語れなかったことではあるのだが〈野狗子〉の出現は「大災害」「戦乱」の予兆という伝承が伴っているからである。

そして、この一連の事件に終止符を打ったのが、過去から受け継がれてきた「自然信仰＝狼の信仰」であったということが要なのである。大災害によって封印を解かれた魔物は、我々の祖先らの培ってきた「山神信仰＝神」によって屠られたからだ。

私は先人らが自分たちの子孫らに残したこの「手法＝財産」が、「戦う力」に登場するM・Fさんのように、これから人々が遭遇するであろう様々な困難に立ち向かう唯一の手段ではないかと考えている。

学生祓い師のTさんは「あやかし達は、人々の強い願いに魅かれて世に現れる」と私に教えてくれた。ここから先、人々が脳裏に願い思うのは、他人を慈しむ「平和」の世なのか、それとも自らの利益優先である「混沌」の世の中なのか。

そして今、私がこの原稿を綴っている現在、度重なり起こる災害や戦争で世界中の人心は揺れに揺れて、極端に不安定になっている状態である。

そんな昨今の人心の乱れを見て嘆きを口にしながらもなお、私は最後まで「それ」を信じて生きていこうかと考えている。

本書を含む異談シリーズの各エピソードは体験者様の諸々の事情により、筆者が不自然に感じない程度に脚色を施した部分が往々に存在する。しかしその本筋はギリギリの線まで崩さないような努力を重ねてもいる。そして「それら」が事実と仮定するなら、少なくとも筆者がそれを認めて「事実」として綴るなら、そうした着地点へと向かっていくのは至極当然なのであろう。いや。むしろ向かっていかない方がおかしいのかもしれない。

この〈野狗子〉に纏わる体験談は、単純に数ページの挿話として終わらせてはいけない、ノーカットに近い状態で発表したいとの意向を告げて、Mさんとは握手を交わしその場で別れた。改めて私という人間を信頼し、稀有な体験談を託してくれたMさんに、強い感謝の意を示す次第である。

因みに、この話には僅かながら後日談がある。

あの日、祈祷札から現れた〈白狼〉が魔物を咥え消え去って以来、怪現象に悩まされることのなくなったMさんは、今度は宿坊である興雲閣に一泊して、御礼参りを兼ねながら秩父三峯神社を訪れた。

翌朝、宿坊の窓を開けて早朝の霊山の眺めを満喫していると、突然、目の前を巨大な空気の塊のようなものが勢いよく通り過ぎ、ハンガーに掛かっていたジャケットが大きく揺れたのだと。

――ああ、あれかと、私は思わず微笑んだ。

以降、〈野狗子〉はMさんの前に、二度と姿を現していないとのことである。

耳のある者は、聞くがよい。とりこになるべき者は、とりこになっていく。つるぎで殺す者は、自らもつるぎで殺されねばならない。ここに、聖徒たちの忍耐と信仰とがある。

（ヨハネ黙示録・第十三章）

狩衣(かりぎぬ)

さて、本シリーズのサブタイトルとなっている「方違」「物忌」「身固」に引き続きの「式神」という名称を、聡い読者の方々ならもうお気付きとなっているであろうが、これは全て「陰陽道」の術式の名称である。

一般的に通り名のいい「式神」が登場してしまったので、そろそろこの意味合いを暴露していい頃合いなのかもしれない。実は筆者の父方の氏の本家は、平安時代のある高名な「陰陽師」を氏神として祀っている。その謂れは、かの「高名な方」が全国を行脚している時に、当時名主を務めていたその家に、数か月ほど滞在したということであり、本家はそれからその「陰陽師」を神として祀るようになったという。

本シリーズのサブタイトルは、それに因んで命名しているものなのだ。

私自身は分家筋の者に過ぎないのだが、幽霊やあやかしの類を見ることもなければ、お祓いができる訳でもない筆者が、シリーズ内で言及している通り、取材に赴く都度「かなりの霊感の持ち主」と言われてしまう原因は、実はこの辺にあるのではという仮説を立てている。要は被保険者と扶養家族のような関係だと思って頂ければ判り易いかもしれない。「野狗子」の章でも述べた通り、古来脈々と受け継がれてきた「信仰」というものは、そこまで強力なものなのかとも考えている。

そして、怪談異談の取材を繰り返す中で、この「高名な陰陽師」に纏わる異談も過去四回ほど経験している。その内の二つは既に別誌で発表済みであったり、体験者の都合で発表できないものであったりするので、残りの逸話を今この場を借りて発表してみたいと思う。勿論信じる信じないの判断自体は読み手の方々に委ねるとして、私は出来事自体の仔細な再現に務めることにする。

本書の冒頭にも登場する、東京の吉祥寺に、以前「怪談居酒屋」という場所があった。遊園地のお化け屋敷のような店内で、料理メニューもそれに因んだ名称というアミューズメント感覚で楽しめる粋な居酒屋で、毎週末、現在でも活躍中の某有名怪談サークルによる実話怪談の語りと心霊スポット巡りの現場レポートが上映されるイベントが催されていて、実話怪談黎明期の頃、私はそこにライブを拝見しによく訪れていた。

ここまでは「怪談ライブの夜」とまったく同じシチュエーションである。

その夏の週末に居酒屋で上映された現場レポートは、房総最凶と謳われる心霊スポット「ホテルK」であった。廃墟化した建物内で、二〇〇四年に実際に不良グループによる殺人事件が起こってしまったという曰く付きのスポットで、テレビの心霊番組でも紹介された有名な「あの場所」である。

スクリーンの中で、サークルのメンバーらが現場を訪れると、女性の悲鳴のような奇妙な音が聞こえて、それぞれが顔を見合わせる。やがて入口からホテルの探索が始まると、内部は無断侵入者らに散々荒らされた様子で、窓ガラスは砕け散り、壁には色とりどりのスプレーで落書きがされていた。そしてメンバーのカメラはホテル内の焼け焦げた部屋を捉える。「何でここ焦げてるんだ?」「火事でもあったのかなあ」というような音声が入るのだが、その時スクリーンを眺めていた私の両腕にビシッと鳥肌が立った。

一緒にフィールドワークをした方はご存知かと思うのだが、幽霊あやかしの類が視えない私ではあるが、何か謂れがある場所ではたとえ気温が四十度近くの真夏であっても両腕の鳥肌がビシッと立つ。また体験談を伺っている時にも同様のことが起こるので「ああ、この話本物だな」というひとつの判断材料にしている。

だが、ここは当時通い慣れていた幽霊居酒屋であり、自宅での変事は起きたが、これまで何も感じたことは無い。すると件の「ホテルK」の障りなのかとも思ったが、いやいやここは現場から二百キロ近く離れた東京のど真ん中だ。それはないだろうと当時の私はその考えを打ち消した。たまたま同伴していた方も霊感の強い人間だったので「今何か感じませんでしたか？」と尋ねたが「別に何も」というので、私はその感覚を「単なる気のせい」ということに押し止めて、スクリーンに視線を戻した。

やがて心霊現場レポートがひと区切りすると、サークルメンバーの実話怪談語りが始まって、その場は恙なくイベントは終了、馴染みの皆さんとお酒を酌み交わしながら歓談した後、再び終電を気にした私は名残りを惜しみつつ、その場をひと足先に切り上げた。

時系列的に言えば冒頭の「怪談ライブの夜」より後の話でもあるので、当然帰り道は遠回りをして神社の鳥居を潜り、自宅へと戻った。当時は、まあこの位しておけば取り敢えず大丈夫だろうという安堵感＝気の緩みがあったのも、今思えば確かである。居酒屋での鳥肌のことなどすっかり頭の中から消えていた。

しかし、娯楽として既に紙面などで発表されている怪談はともかく、それを生の段階で捉えている実話屋に、それなりの因果応報はあるのかもしれない。妻と今夜のライブについて少し話をした後、私はいつも通りにベッドに横になった。

——おん、おんおんおん、おおん。

ぴゃぱらぱぴゃぱらぱ、ぴゃらぱらぴゃらぱら——。

とにかくそれはけたたましい夢だった。

十数台のバイクと乗用車が徒党を組んで、夕暮れの山道を走っている。

それらに乗っているのは、特攻服に身を固めたヤンキー、所謂暴走族の一団だ。

私の視線は少し上空から、そんな彼等の行方を追っている構図である。

そして、この危なそうな集団がアスファルトの荒れた道路を走って辿り着いたのは、何と、あの「ホテルK」なのである。

いかつくてアブナイ気配をむんむんと漂わせた十数人のヤンキーらは車やバイクから降りて、各自がイキがったポーズを取りながらホテルの玄関を眺めている。

「ここ、お化けが出るんだってよぉ」

「何言ってんの。お化けなんている訳ないじゃん」

「だからそれを確かめに来たんだつーの」

「行くべ行くべ」

雰囲気的に、ヤンキーらが廃墟前でこんな会話を交わしていたのを、私は第三者目線で、少し離れたところから眺めているのである。そして夢の中だというのに私の意識はハッキリとそこにあり、おかしなことに（何言ってんだ？　きっと帰ってから『ちっとも怖くなかった』とか武勇伝気取るんだろうけど、まだ日も高いし、こんな大人数で来てるのなら心霊スポットだって怖くないだろうに。こいつら本当は、全員ビビりなんじゃないか？）とのんびり考えていた。

そんな私の考えとは別に、十数人の集団は懐中電灯やバット、スプレー缶等を手に取って、ゾロゾロとホテル内部へと入っていく。

（まあ、あれだけの人数が居れば、私だって怖くないな）などと思いながら、黄昏時の時間が二十分程過ぎた頃だ。突然ホテルの中から「うわぁーっ」と悲鳴が上がった。そしてまるでコントのように、いかつい特攻服姿の連中が押し合いへし合い慌てふためいて次々と飛び出してくるのである。

「……黒いオヤジが、真っ黒焦げのオヤジがいるぅ……！」

飛び出してきたヤンキーらは必死の形相でそう喚きながら、大慌てでそれぞれのバイクや車に飛び乗ってエンジンを掛けると、脱兎の勢いで走り去っていった。

（……？）

何故か私の視点は外れることが無く、逃げ出していく暴走族の集団と、ホテルＫの玄関を交互に見るのだが、果たしてヤンキーらが逃げ出して数分した後、廃墟の玄関口から、ぎくしゃくとした動きで何かが歩み出てきた。

そいつは、上半身が真っ黒焦げの、スーツ姿の男である。

ぎょっとしていると、そいつが私の存在に気が付いて、こっちを向いた。

——ここで私は、弾かれたようにベッドから半身を起こした。

（……ああ、夢だったのか。良かった。すっごい怖かった。見事に吉祥寺ライブの影響だよな、これ）

バクバクする心臓の鼓動を確かめながらそんなことを考えて苦笑いを浮かべ、ふと窓に目を遣ると、ベランダに何かが居て、少し捲れたカーテンの隙間からこちらを覗いている。

マンションの常夜灯に照らされたそいつの顔は、真っ黒に焦げていた。

(……×○△□◎※×□……!)

部屋の構造上、寝室のベッドは窓のすぐ脇にある。悪夢から目覚めて直ぐ、ガラス越しに悪夢の主と至近距離で目が合ってしまった私の思考を表現すると、本当に先のような感じだ。数秒して、吉祥寺の怪談ライブであの焦げた部屋を見た時の「鳥肌」の記憶が蘇った。やはりあれは気のせいなどではなく「何らかの理由」で私と「ホテルK」の現場が接点を持ったのだ。

だからこの黒焦げ男は、ここにやってきた。

狼狽する私を他所に、こちらを覗いていた黒焦げ男はカーテンの向こうに消えた。そこは丁度エアコンの室外機があるので侵入するには邪魔だったのだろう。

大慌てで視線を逸らした私は、ベッドの足元の方にもう一人、奇妙な人影が居るのを見て肝を潰した。

窓際ぎりぎりに立ちはだかるその人物は、中肉中背の男性なのだが、黒い烏帽子(えぼし)に真っ白な狩衣という、神社の神職のようなスタイルをしていたのだ。だがその面容だけは、ベッドに半身を預けている私の位置から確認できなかった。

あまりに異常な出来事の連続に、思考がついていかない。

一体、この人物は何者なのか。

そしていつの間にどうやって、私の部屋に入り込んだのだろうか。人間、本当に気が動転してしまうと、何をどう喋っていいのか分からなくなるらしい。その時私がこの狩衣の男性に掛けた言葉は、間が抜けたことに「どなたですか？」のひと言だった。

男性は佇まいを崩さず背を向けたまま、私の問いには答えない。

すると、クレセントキーを掛けてある筈の寝室の窓が音も無くするすると開き、あの黒焦げ男がすっと室内に顔を突き出したのだ。

刹那。

刀印を結んだ狩衣の男性の指先が、侵入する黒焦げ男の額を押さえた。

ボン！　という凄まじい破裂音。

空気が震え、黒焦げ男が粉々に砕け、その爆風に私は思わず両手で自分を庇った。

ふと気が付くと、そこはまたベッドの上であった。

（えっ？　あれも夢だったのか？）

思わず半身を起こしてから気が付いた。

鼓膜がじんじんと鳴っている。そして両手の平もまた、何かの強い衝撃を受け止めたかのように痺れているのである。

(え? 夢? それとも現実? あれは一体何事だったんだ?)

寝起きの頭は混乱するばかりであった。

ただひとつ、この時の怪異の原因は、あの房総最凶と言われる心霊スポットのレポート映像であったのは間違いなさそうである。以前本シリーズでは「読むだけで伝染する怪談」を取り上げたことがあるが、それならば「映像」であっても、それがフェイクではなく本物の場所のものであるのなら、同質の出来事が起こっても何ら不思議はない。

ある時学生祓い師のTさんにこの話をしたところ「気を付けて下さい。夢から入ってくるものはとても強力です」というあの言葉を戴いた。この経験があったが故に、私は『物忌異談』に登場する「夢の温泉宿の女将」の話を信じることができた訳である。

と、同時に、問題は「映像」を伝ってやってきた強力な怪異を、刀印の一撃で弾き飛ばした、あの「狩衣の人物」だ。

この事件の時、既に私はこの「人物」に関わる二つの出来事を経験していた。

著者の本家に祀られている神棚の写真

その内のひとつが、本書のタイトルになっている「式神」なのである。

ある時、戯れでこの本家に祀られていた神棚の写真を霊感の強い女性に見せたところ、「何これ？　何を写したものなの？」と詰め寄られてしまったのだ。

見た通りの、ただの神棚だとはぐらかしたものの、彼女の剣幕は収まらず「いいから何の神棚なのかを言え」と詰め寄られ、何か視えるのかと問い質したところ、「神棚の瓶子の陰から、小さな鬼がこっちを睨んでいる！」と言われて、引っ込みが付かなくなってしまったことがあるのだ。

勿論、彼女はその神棚の正体を知らない。

それなのに、言い当ててしまったのである。


彼の方は、本当に「式神」を使っていたのかと、私は畏怖した。


時折、私は想いを馳せることがある。

あの取材先のサイゼリヤで「女将」が姿を現した原因は、私の後ろに控える「その人物」のせいではなかったのかと。それ故にあのような露骨な威嚇行動を取ってきたのではと。

M神社の件もそうである。彼の神社の祭神は、私の後ろに居る「その人物」に気が付いて、私という人間に興味を持ったのではないのかと。

先のホテルKの怪異やその他の実話系でよく語られる「伝染する怪談の伝播性」の逆を辿れば、それもまたアリなのかもしれない。

本シリーズの刊行に際して、私は「彼の人物」が関係している関東唯一の社に感謝と礼を表して二枚の奉納画を納めた。その時は知らなかったのだが、件の社の拝殿内に「その方」の像が安置されていて「右手の刀印」を突き出している姿に驚いたのは、まだ誰にも話していない事実である。

そしてまた、この話についても後日談が存在する。

本当に殺人事件が起きたという曰く付きの最凶心霊スポット「ホテルK」ではあるが、そこで殺害されたのは不良グループに拉致された女子高生である筈なのに、私の元にやってきたのは「黒焦げになったスーツ姿の男」であった。

現れるものが違うのではないかと、この時点でページを捲りながら思われている方もいるのではないかと思う。この件についてである。

　ある年のことなのだが、ある実話怪談の大御所様と一緒に三峯神社へ参拝に出向いたことがあり、その道中の車内で、何とその方が、つい先日「ホテルK」を探索してきたという話題が飛び出したのだ。

「あそこ、焼け爛れた部屋がありませんでしたか？」

　私の問いにその方は驚かれた表情で、

「あれ、よくご存知ですね？　行ったことがあるんですか？」

　いえ、違うんですと、私はここで紹介した異談を大御所様にお話した。

　すると彼は「うーん」と唸り声を上げて、

「あそこ、何かを焼いた後みたいだったんですよね。例えば「そっち方面の人達」が誰かをそこに連れ込んで見せしめに焼いたとか、或いは身元がバレると困る死体の処分とか、そんな雰囲気でしたよ。ああいう場所って、よくそういう目的に使用されるんです」

　そう言って大御所様は、ひと呼吸置くと、リップサービスかもしれないのだが「僕はその話、信じますよ」と添えて下さった。

　余りにも出来過ぎている話と言われてしまえばそれまでなので、とても信じられないという方は、単なる読み物として捉えて戴ければ結構と思ってはいるが、私自身はそういう世界に身を投じ、そういう体験を経て、そういう世界の中を走り抜けながら、こうして四冊目の異談集を綴っている。

それだけは理解して欲しいと、私は考える。

追

二〇二一年のことである。

私は知己の学芸員・T崎さんに頼み込んで、かねてより興味があった山梨県丹波山村の七ツ石神社の里宮の例祭に、強引に同行させて貰った。三峯や武蔵御嶽と同じく狼を神使とするこの神社の、山の恵みの返礼として「狼に塩を供える」神事の光景をひと目見てみたかったからだ。

さて、神職の祝詞が始まり、参列者の方々がお清めのお祓いを受ける。その後普段は開陳されていない鉄製の狼像に塩を献上するのだが、この光景にちょっと驚いてしまった。供物と共に塩が捧げられた後、相撲の土俵入りのように、いきなり狼像に塩を撒くのだ。神職の「さっ、どうぞ」の声と共に参列者らが手にした塩をザッ、ザッとかなりの勢いで塩を振り撒く。このシーンは、実話怪談綴りの視線からすれば、実に不可思議な光景に視えた。

何故なら怪談の世界では「塩」という馴染みの深いこの物質、よく「霊を撃退する手段」として用いられるからである。通常時でも不快・不浄なタイプの人間が帰った後「塩撒いとけ」という言葉が用いられる。まるで七ツ石の狼像がそんな目に遭っているような気分に陥ったのは言う迄も無い。

（そういや塩って、どうして幽霊を撃退するんだろ？）

最も初歩的で、尚且つ考えてみると不可思議な疑問が脳裏を掠めた。


それからややあって、コロナ禍や後継者問題、その他の理由が重なって五十年以上の歴史があった私の職場が店を畳むことになり、次の職場が決まるまでの数か月間、私はフリーの時間を過ごすこととなった。

東京・足立区の某所をふらついていた時だったと思う。この土地は何故か素戔嗚尊を祀る氷川神社が三か所ある。その日はふと、一度も足を運んだことのない、一番北端にある氷川神社に足を伸ばしてみた。

参拝を終えてふと目を遣ると、風情のある山門が視界に飛び込んで来た。C寺というお寺で真言宗の流れを汲むらしい。その前で熱心に手を合わせている方がいて、興味を持っ

魚籃観音

た私はそこの山門を潜ってみた。

すぐ右手に微笑むような弘法大師の座像と四国遍路の石碑がある。そちらに手を合わせてから本堂を参拝し、ふと見ると山門の脇に「魚籃観音」と書かれた小さな祠がある。

「魚籃観音」。

あまり馴染みのない観音様だ。自宅に戻ってからネットで調べてみると

「中国唐の時代、魚を扱う美女がおり、観音経・金剛経・法華経を暗誦する者を探し、めでたくこの三つの経典を暗誦する者と結婚したがまもなく没してしまった。この女性は、法華経を広めるために現れた観音とされ、以後、馬郎婦観音（魚籃観音）として信仰されるようになった」（ウィキペディアより引用）

という内容の概略を知ることができた。ふうん、まだまだ世の中には知らない神仏がいらっしゃるのだなとその日はそれで終わったのだが。

数日後、ある求人票が私の目に留まる。

先日のC寺の件があって「西新井大師前」という職場の所在地が引っ掛かり、面接を受けることにして、行きがけに縁のあった御大師様に立ち寄り挨拶をしようとすると、これ

塩地蔵

また山門脇の奇妙な仏像が目に留まった。
「塩地蔵」と書いてある。江戸時代から信仰されているというお地蔵様で、等身大のお地蔵様なのだが、参拝者らの奉納した塩でこれがまた怖い位に塩塗れなのである。祈願の成就した者は塩を献上する決まりになっているから「塩地蔵」と呼ばれているらしい。何となく七ツ石の狛犬の姿が脳裏でダブった。見ると傍らの案内板には「いぼ取りや神経痛に効能がある」と書かれている。

ふと脳裏を過ったのは、一年半前程の出来事だ。

私はある場所で「毒蛇の関連する」異談に関わって現場検証に赴き、そこで気が付くと、右手の二の腕の辺りに「蛇に噛まれたような」噛み跡が出来ていることに気が付いた。初めは虫刺されかと思って市販の薬品を付けたが一向に回復せず、やがて一方が大きな水疱となって破裂し、中からどろりとした膿が溢れ出た。
膿の溢れ出た側はそのまま治癒したのだが、もう一つの「噛み跡」はどす黒く筋肉を変色させたまま、やがて小さな肉瘤となって皮膚を突き破り現れ出た。

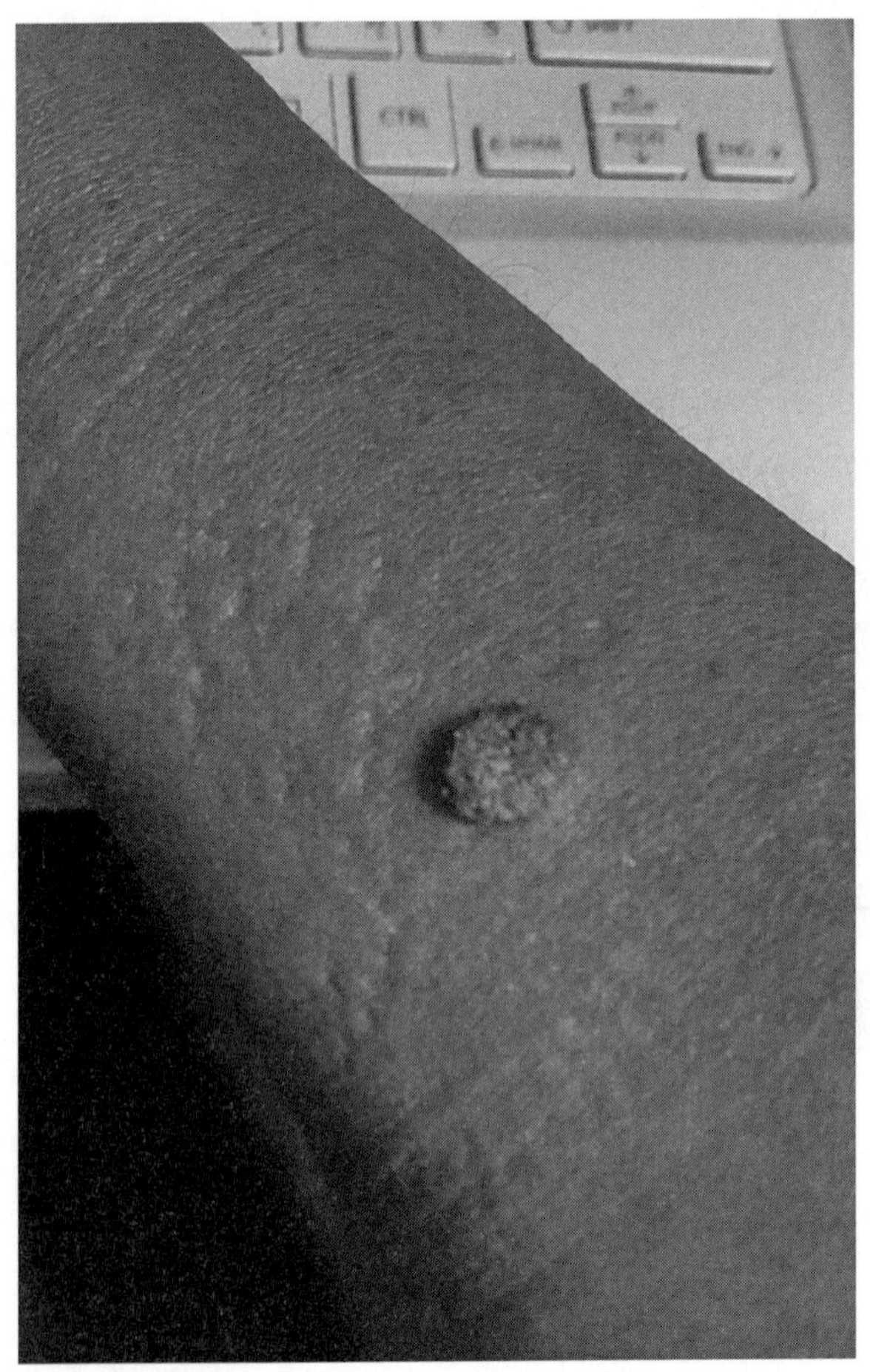

著者の腕に出現した肉瘤

恐らくあの話の障りであろう。「やっちゃったな感」を強く感じた。その直径五ミリ程の肉塊は、何かに引っ掛かる都度に肉を剥がされるような痛みが走り、約一年間私はその部分にサポーターを巻いて状態をごまかし続けた。

その肉瘤は一向に治癒する気配を見せず、普段霊現象とかを本気にしない妻が「医者に診て貰え」と心配したが、私は心中で「医者には治せない」と考えてやり過ごしていた。まあ実話の怪談異談を取り扱っている身分であるから、これ位の「跳ね返り」があって普通ではないかと考えていた旨もある。

先に紹介した案内板の言葉が気になり、私は塩地蔵の足元の塩をひと握り掬うとサポーターを捲り、何気なく例の「肉瘤」になすり付け、そのまま面接に向かった。

結果、面接先からは仮採用を戴き、有難いことだと帰り掛けにもう一度、大師様の本堂に向かっていると、腕のサポーターの中で「ぐちゃり」と妙な感覚があった。

驚いてそこを捲ると、盛り上がっていたあの肉瘤が潰れて、周囲には血が滲んでいる。慌ててティッシュで血を拭きながら呆然とした。

何しろこの呪われた小さな肉瘤は、私の右手に一年間もへばり付いていたのだから。潰れてふにゃふにゃになった二の腕の「その箇所」と、山門脇に佇む塩地蔵を交互に見比べながら、思わず「まさか」と呟いていた。

翌日、抜け殻のようになった肉瘤は、腕からポロリと落ちた。

私は何もしていない。ただ信仰の「塩」を塗っただけなのだ。

肉瘤の落ちた跡を妻に見せ、その経緯を語ると「塩で取れたとか、そんな非科学的なことがあるわけないでしょ！　さっさと医者に診て貰ってきなさい！」と一喝され、近場の皮膚科に予約を取って診察を受けた。ところがその時はもう既に傷口すら塞がってしまい、そこにはピンク色の跡が残ってるのみで、対応した医師も、何をどう診察すればいいのか判らないという。

「ともかく悪性のものなら、自然に取れることはありませんから」

医師は形だけの診察を行って「異常なし」の診断を出してくれた。帰宅した後に「本当かしら」と妻から疑念の視線を向けられたのは言う迄も無い。

私の身には、一体何が起きたと言うのだろうか。

怪異を扱う身でありながら、余りにも明快過ぎる「奇瑞」には、むしろ気味悪さを感じるものである。「氷川神社」「弘法大師」「魚籃観音」をワードとしたこのことを部分的にネットで呟くと、親切なフォロワーさんが「魚籃観音って、三田の魚籃坂の地名の語源となったお寺の観音様ですよね」と教えてくれた。

この情報に、私は魚籃観音を本尊とする、この三田の「魚籃寺」を訪れてみた。そこに行けば何かが判るかもしれないと思ったからだ。するとそこには思いもしないものが待ち受けていた。この「魚籃寺」にも「塩地蔵」があったのだ。

私は、この魚籃寺の塩地蔵の前で、ぼんやりと立ち尽くしてしまった。

一体、この謎解きのような奇妙な共通項は、何を意味するものなのか。

私はネットを駆使して、断片的なキーワードから「何か」を得ようと様々な検索を試みた。すると「魚籃観音」の特性=御利益の中にこんなものがあるのを発見したのだ。

「毒龍の障りを封じる」

毒龍の障り。私の右手の肉瘤の障りは毒蛇に関するものであった。

そして、魚を扱う美女であった魚籃観音が氷川神社の隣にあったのは、素戔嗚の誓約から生まれたという海の神「宗像三女神（むなかたさんじょしん）」を連想させる。

そしてふたつの塩地蔵。これもまた海が関連している。そう言えば素戔嗚も初めは父神である伊邪那岐（いざなぎ）から「海」を任されたではなかったか。

人々が大海を渡る技術を持たない頃「海」は冥府、つまり、あの世と考えられていた。

私がこの角度から新たに「塩」というワードを調べ直してみると、塩の精製自体に「海」が不可欠な存在であることを知った。そして塩が生命維持に不可欠な物質であり、最古の調味料として、また保存料として、太古の昔には金銀に匹敵する貴重品であったことから「神々への捧げ物」「御眷属様への捧げ物」として、その役割が現代にまで受け継がれているということに辿り着いた。

今に於いて、これ程までありふれた品に、こんな歴史があるとは。

うっすらと、ぼんやりではあるが、なぜ不浄霊と呼ばれるものたちが塩を嫌うのか、理由が顔を覗かせた気はしているのだが、まだ確たる真相には辿り着いていない。

それでも、信仰を経た「塩」が私の腕のあの肉瘤を取り除いてしまったのは、医者にも理解できない、れっきとした事実なのである。

そしてもうひとつ。この三田の魚籃寺のかつての名前は「三田山魚藍院浄閑寺」。そう、あの吉原遊女の投込み寺である浄閑寺の前身らしいのだ。私がかつて「縁（ゆかり）」という遊女の霊の怒りを買って（シリーズ『身固異談』に掲載）通い詰めた吉原の地。ここでその名前が登場するとは露程にも考えていなかったのである。

これは果たして「彼女」が導いた、まさしく「縁」だというのだろうか。

信仰とは何だろうか。神仏とは。奇跡とは。

心霊現象とは。怪異体験とは。興味は尽きない。

私はこの命の炎尽きる前に、果たしてその岸辺まで辿り着けるものなのだろうか。

できれば、それに間に合って貰いたいものである。

〈人生には二つの道しかない。ひとつは奇跡などまったく存在しないかのように生きること、もうひとつはすべてが奇跡であるかのように生きることだ〉

——アルバート・アインシュタイン

現代雨月物語 式神異談

2023年3月6日　初版第一刷発行

著者……籠三蔵
カバーデザイン……橋元浩明（sowhat.Inc）

発行人……後藤明信
発行所……株式会社 竹書房
〒102-0075　東京都千代田区三番町8-1　三番町東急ビル6F
email: info@takeshobo.co.jp
http://www.takeshobo.co.jp
印刷・製本……中央精版印刷株式会社